오늘을 사는 지혜

지혜의 샘 시리즈 ❿

오늘을 사는 지혜

개정판 1쇄 발행 | 2022년 02월 28일
개정판 3쇄 발행 | 2024년 06월 10일

엮은이 | 박정수

발행인 | 김선희 · 대 표 | 김종대
펴낸곳 | 도서출판 매월당
책임편집 | 박옥훈 · 디자인 | 윤정선 · 마케터 | 양진철 · 김용준

등록번호 | 388-2006-000018호
등록일 | 2005년 4월 7일
주소 | 경기도 부천시 소사구 중동로 71번길 39, 109동 1601호
    (송내동, 뉴서울아파트)
전화 | 032-666-1130 · 팩스 | 032-215-1130

ISBN 979-11-7029-212-8 (00810)

· 책값은 뒤표지에 있습니다.
· 잘못된 책은 바꿔드립니다.

지혜의 샘 시리즈 ⑩

오늘을 사는 지혜

박정수 엮음

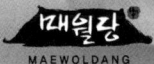
MAEWOLDANG

책을 펴내며

쇼펜하우어는 '내 영혼의 버팀대가 될 수 있는 것은 나의 의지와 결심이다. 그 사실을 알고 있다면 행운을 안고 있는 사람이다.' 라고 말한다. 현대를 사는 모든 이들이 알다시피 삶은 맑고 평화로운 날보다는 그렇지 않은 날들이 더 많다. 그렇다고 결코 포기하거나 좌절하지 말라. 세상을 살면서 사람들은 많은 것에서 실망하고 좌절감을 느끼며 살아갈 수밖에 없다. 그러나 이에 굴복하지 않고 그 상황을 이겨내며 살아가는 것이 그 사람의 운명이 되는 것이다.

극한의 어려운 상황에 처했을 때 아무도 알아주는 사람이 없더라도 자신을 굳게 믿는다면 운명을 개척해 나아갈 수 있으며, 당신에게 극한 상황을 헤쳐 나갈 강렬한 믿음이 있다면 당신은 지금 행복의 문 앞에 서 있는 것이다.

자신의 운명을 행복·발전·성공·건강한 삶으로 만들기 위해 가장 먼저 실천할 일은 바로 자기 자신을 믿는 일이다. 어떤 일을 함에 있어 성공하기 위해서는 그 일을 하기 전에 자신이 그 일을 잘 해결해 낼 수 있다고 자신을 믿어야 한다. 반복되는 실패와 좌절 속에서 어느 순간 나타나서 희망으로 인도하는 당신의 의지와 결심……. 그것은 바로 자신을 믿는 바탕에서 생기는 것이다.

자신이 변하면 결국 세상이 변한다. 어떤 일을 시작할 때 자신의 내면으로부터, 자신의 믿음으로부터 모는 일을 시작하라. 믿음을 가지고 내면으로부터 좋게 시작하면 일은 긍정적인 결과를 가져올 것이고 부정적으로 시작하면 일은 부정적인 결과를 가져올 것이다. 자신의 내면에서 변화가 시작되면 세상은 자신의 변화에 따라 변하게 될 것이다. 자신이 변해야 세상이 변하는 것처럼 자신의 내면으로부터의 변화를 시작하는 것이 행복과 성공, 발전을 향해서 가는 당신의 가장 큰 일보—步인 것이다.

이제 자신의 내면 속에 존재해 있는 발전을 향한 장애물들을 제거하라. 걱정, 증오, 공포 등 당신의 마음속에 있는 부정적인 장애물들을 제거하여 삶의 함정으로부터 해방되어야 한다. 당신의 마음속에 있는 장애물들이 제거되었을 때 비로소 당신에게 행복한 삶은 시작된다.

그러기 위해서는 먼저 성공으로 이끌 올바른 지침이 있어야 한다. 이 책은 삶의 지침서로 삼기에 부족함이 없을 것이며, 삶의 발전을 한걸음 성큼 내딛게 할 것이다.

이 책을 읽는 독자 여러분들 모두가 영혼의 버팀목으로 삼기를 감히 권한다.

차 례

제1장 긍정적인 생각이 성공으로 이끈다 · 9

제2장 잠재의식을 개발하라 · 55

제3장 새로운 것에 끊임없이 도전하라 · 101

제4장 행복의 눈빛으로 세상을 바라보라 · 145

제5장 매사에 감사하라 · 203

제1장
긍정적인 생각이 성공으로 이끈다

지금부터라도 행복하라,
그것이 당신이 사는 진정한 이유다

지금부터라도 행복하라, 가만히 사람들의 삶에 대해 생각해 보면 이 세상에 존재하는 대부분의 사람들은 결국 행복해지기 위해 세상을 살아가는 것임을 알 수 있다. 스스로 불행을 원하는 사람은 세상에 단 한 사람도 없을 것이다. 이 세상을 사는 것은, 또 이 세상에 존재하는 것도 자신이 행복해지기 위함이다.

지금부터라도 행복하라, 오늘 당신이 행복해지기 위해 행복의 길을 선택하고 그리고 당신의 열정과 창의, 그리고 용기를 다해 행복의 길을 걷기 시작하라.

당신은 행복해질 권리가 있다

  당신에게 있어 행복에 이르는 작은 믿음과 노력은 어떤 것일까? 그것은 바로 '행복해질 권리가 있다.'는 것을 깨닫는 것이고 그 권리를 추구하는 것이다.
  비록 지금 슬픔과 우울에 빠져 있지만 그때마다 당신의 환경만을 탓하지 말고 행복을 위한 작은 노력과 믿음을 기울여라. 그렇게 할 수 있다면 지금보다는 훨씬 행복해질 수 있으리라.

주변의 소중한 존재들에게
감사하는 마음을 가졌는지 생각하라

주변에는 당신에게 너무나도 소중한 사람이 많이 있다는 것을 깨달아야 한다. 부모, 아내, 남편, 자녀, 친구 등 너무나도 소중한 그들에게 당신은 오늘 얼마만큼 감사의 마음을 가졌는지 생각하는 시간을 가져라. 그리고 그들을 소중히 여겨라.

시작하라,
당신의 삶을 위해 지금 시작하라

　시작하라, 자신의 삶을 위해 지금부터라도 세상에 존재하는 많은 것들에 대해 느끼기를 시작하라.
　시작하라, 자신의 삶을 위해 지금부터라도 당신의 모든 것에 대해 최선을 다하기를 시작하라.
　시작하라, 자신의 삶을 위해 지금부터라도 이런 모든 것들을 토대로 생각하고, 행동하라. 그리고 진지한 삶, 활발하게 살아 숨 쉬는 신념에 찬 삶에 대한 꿈꾸기를 시작하라.

행복해질 수 있는데도,
스스로 그 권리를 포기하지 마라

 당신이 '자신'을 알게 된다면, 당신이 진정 바라는 것이 무엇인지 알게 된다면 행복해질 수 있는 기초가 마련되는 것이다. 자신에 대해 잘 알지 못하기에 바라는 것을 이룰 수 있다는 생각을 잘 받아들이지 못하고 마음속에 있는 행복을 자꾸만 바깥에서만 찾으려고 한다. 이러니 당신에게 행복이 찾아올 수가 있겠는가?

 자신을 잘 알고 있는 것 같지만 실상 당신을 비롯해 많은 사람들이 자신을 모르며 살아가고 있다. 당연히 사람들은 '자신'에 대해 알지 못하며 자신의 '진정한 모습'에 대한 인식도 가지고 있지 않다.

명상을 통해 자신을 만나고 당신을 만들어 나가라

　세상사에 어지러운 마음을 가라앉히고 명상을 통해 당신 내면의 소리를 듣고, 당신의 일을 추진하고, 최선의 자신을 찾고, 최선의 당신을 만들기 위해 노력하라. 그리고 그런 명상을 통해 자신을 만나고 당신을 만들어 나가라.

지금 당신의 주변을 살펴보라, 아름다움은 어디든 존재한다

 삶에 더 많은 아름다움을 받아들일 마음의 자세가 되어 있다면 아름다움은 당신 삶에서 빛을 발할 것이다. 그리고 그 빛은 삶을 아름답게 가꾸는 밑거름이 될 것이고 당신을 행복하게 만들 것이다.
 왜 생각하지도, 보지도 않고 포기하는가? 지금 당신의 주변을 살펴보라. 당신이 그토록 바라는 삶을 아름답게 가꿀 소재들은 당신의 주변 어디서든 존재하고 있다.

행복을 약속하는 땀을 흘려라, 삶에 행복과 건강을 약속한다

 오늘 잠시라도 온몸에 땀이 나도록 일을 하라. 땀을 흘리지 않는데서 몸의 병도 생기고 마음의 병도 생기는 것이다. 땀 흘려서 일하는 것, 그것이 인생에 행복과 건강을 약속한다.
 오늘 잠시라도 일을 즐기면서 하겠다는 마음 자세를 가져라. 일을 즐길 줄 아는 사람이야말로 진정으로 삶의 의미를 알 수 있다.

자신에게 축배를 권하라, 내일도 축배를 권하게 될 것이다

자신에게 축배를 권하라. 당신 자신을 정확하게 인정해 줄 수 있는 존재는 당신 자신뿐이리라. 작은 성취를 이룬 것에 대해 스스로 축배를 권해 보자. 그 작은 성취를 스스로 인정하고 자신을 자랑스럽게 생각할 때 큰 성취를 이룰 수 있는 것이리라.

오늘, 당신을 위해 당신의 **주**변 환경을 **변**화시켜라

오늘, 자신을 위해 주변 환경을 좀 더 나은 환경으로 변화시키기 위해 노력을 기울여라.

만약 자신의 주변 환경을 변화시키고자 작은 정성이라도 기울인다면 아무런 일도 하지 않은 것하고는 너무나 큰 차이가 발생할 것이다.

마음을 무기력하게 하고, 마음을 어지럽게 하는 주변 환경을 활력이 가득 차고 집중력을 발휘할 수 있는 환경으로 개선하자. 거창하게 시작하지 않아도 된다. 조금이라도 자신을 위해 주변의 환경을 변화시키는 것에 정성을 기울여라.

이런 작은 정성을 쏟음으로써 당신의 삶에 새로운 기운이 넘쳐나게 될 것이다.

자신의 **완**전함과 **강**인함과 **아**름다움과 **소**중함에 눈을 떠라

눈을 떠라, 긍정적이고 자랑스러운 눈으로 현재의 자신을 바라보고 받아들일 수 있도록 눈을 떠라. 그리하여 당신을 있는 그대로 사랑할 수 있는 법을 배워라.

눈을 떠라, 당신 미래의 모습에 대해 눈을 떠라. 그리고 원하는 미래의 모습을 눈앞에 그릴 수 있도록 마음의 눈을 떠라.

변신하라, 당신의 변신은 당신을 행복하게 해준다

 용기를 내어 변신을 시도할 때다. 먼저 주변의 작은 일부터 변신을 시도하라. 가장 강조하고 싶은 것은 외모에 대한 관리와 함께 몸에 대한 관리를 시작하라는 것이다. 옷을 단정하게 입고 외모를 청결하게 하는 것도 중요하다. 그러나 더 중요한 것은 몸에 근본적으로 변화를 주는 운동을 시작하는 것이다.

 끈기 있게 운동을 하라. 운동은 자신과의 싸움인 것이다. 운동을 지속적으로 하는 사람은 그만한 보답을 얻는데, 바로 건강과 성취감을 얻을 수 있다. 이런 실천을 통해 자신을 가꾸어 가는 사람이 행복을 누릴 수 있는 것이다.

자신을 사랑하고 신뢰할 때
원하는 모든 것을 이룰 수 있다

자신을 사랑하고 신뢰할 때, 원하는 것들을 이룰 수 있으리라. 당신 스스로의 힘과 능력을 믿어라.

자신을 사랑하고 신뢰할 때, 견디기 어렵고 감당하기 힘든 괴로움과 갈등 속에서도 더욱 다져지고 강해지리라.

열등감을 버려라, 상대방이 되어 다시 한 번 생각하라

 오늘 열등감을 버려라. 세상의 행복이나 불행은 상대적인 것이라는 사실을 깨달아라. 당신이 보기에 상대방이 무조건 행복해 보이지만 상대방은 그 사람 나름대로 인생이라는 고통의 무게를 짊어지고 사는 것이다.

 만약 열등감을 가지고 있다면 빠른 시일 내에 버리는 것이 현명하다. 다른 사람의 것이 당신의 것보다 좋고, 당신이 가지고 있지 못한 것을 다른 사람이 가지고 있다고 생각하지만, 다른 사람은 당신을 보면서 거꾸로 그렇게 생각하고 있는지도 모른다.

절약하는 삶을 살아라, 당신에게 삶의 축복을 가져다준다

절약하는 삶을 살아라. 절약하면서 살 수 있다면 절약은 당신에게 삶의 자유를 가져다주리라. 절약으로 인한 삶의 여유는 결국 당신의 자유를 저축하는 것이며, 당신은 그 자유를 즐길 수 있는 권리를 지니게 되리라.

절약하는 삶을 살아라. 당신에게 삶의 축복을 가져다주리라.

남의 탓이 아니다, 당신과 삶을 망친 것은 당신의 생각이다

 지금 깨달아라. 당신 삶의 주인공은 바로 당신이라는 사실을 깨달아라. 그리고 당신에게는 아직도 많은 가능성의 씨앗이 당신 내면에 존재하고 있음을 발견하라.
 지금의 삶을 소중히 여기며, 또한 가능성의 씨앗들에 대해 세심한 관심을 기울인다면 당신의 삶은 지금부터라도 새롭게 시작될 것이다. 생각은 바로 보이지 않는 많은 가능성의 씨앗이기에 자신에게 행복과 성공을 가져오고 싶다면 먼저 당신의 생각부터 바꾸는 노력을 하라.

하늘과 자연을 바라보아라, 생명의 건강을 회복할 수 있다

오늘 잠시라도 흙을 밟아보면서 대지에게 감사하는 마음을 가져라. 이기적인 문명화와 현대적인 기계화로 인해 병들고 메말라진 마음에 자연의 소중함을 깨닫게 하고 마음의 건강을 되찾아주리라.

오늘 잠시라도 밤하늘을 보면서 감사하는 마음을 가져라. 오늘도 하루 종일 쉼 없이 사람들에게 무한한 은혜로움을 베푼 자연에 대해 감사하는 마음을 가져라. 이런 경건한 마음은 당신에게 건강을 다시 회복할 수 있게 하리라.

나만의 것이 주는 기쁨을 누려라, 당신은 그 안에 있다

 나만의 것이 주는 기쁨을 누려라. 살면서 나만의 공간을 마련하고 그 공간 속에서 당신만을 위한 시간과 물건을 사용하면서 자신을 가꾸어라.
 나만의 것이 주는 기쁨을 누려라, 살면서 나만을 위한 물건을 마련하라. 그것이 어떤 종류의 것이든 나만을 위한 물건을 마련하고 그 물건들을 사용하면서 나에 대한 애착과 나를 창의적으로 재생산하자.

남을 위해 착한 일을 하라, 이런 마음이 행복을 가져다준다

 살아가면서 남을 위해 착한 일을 하라. 현대인들은 자기 중심으로 생각하고 행동하며 살아간다. 나라는 존재도 중요하지만 나를 둘러싼 모든 사람들이 나를 이 세상에 있게 하는 소중한 존재들이다. 남을 위해 봉사하는 일을 하라. 그에게 받을 생각을 말고 줄 생각을 하라. 그리고 주되 그에게 다시 받기를 바라지 말라. 순수한 마음으로 주어라. 이런 마음이 당신을 행복하게 만든다.

 살아가면서 남에게 따뜻한 말을 던지고, 맑은 웃음을 선사하라. 정성스러운 마음으로 남을 도와주어라. 이런 마음이 당신을 행복하게 만든다.

마음의 보석 상자를 만들어보라, 그 상자에는 꿈이 넘쳐난다

마음의 보석 상자를 만들라. 당신 유년시절의 꿈이 든 일기장에 썼던 낙서든 당신 삶의 빛나는 부분들을 그 보석 상자 안에 담아라. 당신 마음의 보석 상자에는 오래지 않아 꿈들이 넘쳐나게 되리라.

감사하라, 내 삶의 축복을 감사하라

감사하라. 당신이 살아 숨 쉬는 것 자체가 신이 내린 축복이고 은혜로움이다. 그것은 그 자체로서 당신에게 주어진 가장 값진 선물이기에 신이 주신 선물에 감사하라.

감사하라. 자신에게 주어진 삶에 대해 감사하라. 그리고 감사와 기쁨 속에서 당신의 하루를 살아라. 그러면 미래의 당신도 감사와 기쁨 속에서 살게 되리라.

삶의 시나리오를 만들어보자, 꿈꿀 수 있는 자는 행복하다

 삶의 시나리오를 만들어보라. 세상을 살면서 뭐든지 꿈꿀 수 있다는 것은 행복한 일이다. 실현 가능성이 적더라도 꿈꿀 수 있는 시간을 가진다는 것은 자기 삶의 활력을 가져오리라.

당신의 있는 그대로의 모습을 인정하라

 자신의 있는 그대로를 파악해 노력과 끈기로 도전하고 배움과 반성을 통해 보다 나은 미래를 만들어야 한다. 당신이 처한 위치, 상황, 능력을 있는 그대로 인정해야 한다.

당신은 이 세상에 오직 하나밖에 없는 독창적인 존재이다

 자신이라는 존재는 이 세상에서 오직 하나뿐인 독창적인 존재인 것이다. 당신이 이 세상에서 어떤 일을 하든 그 일의 결과는 바로 이 세상에서 단 하나의 독창적인 존재인 당신이 독창적인 결과를 이 세상에 창조하고 있다는 것이다

 이 사실을 당신 스스로 깨달아라. 세상의 어떤 사람이 당신을 비난해도 당신은 이 세상에 하나밖에 없는 고귀한 존재라는 사실을 인식하라.

 오늘, 자신의 존재를 인식하라.

당신에게 주어진 오늘은 내일로 가기 위한 계단이다

당신이 하루를 되돌아보며 반성하는 자세를 통해 다시 새롭게 오늘을 출발하는 태도를 지녀야 한다. 그런 태도가 건강한 당신을 만들어간다.

당신의 삶을 풍부하게 해줄 삶의 선물을 바라보아라

 자신의 행복은 어떤 선물을 받느냐가 아니라 그 선물을 어떤 태도로 받아들이느냐에 있다. 삶의 행복은 바로 당신한테 달려 있는 것이다.

일상을 **창**의적인 행위로 만들라, 삶에 **축**복을 가져다준다

오늘, 다짐하라. 일을 시작하기 전에 마음속으로 이렇게 다짐하라.

난 이 세상에 단 하나밖에 없는 존재이다.

난 내 일을 즐겁게 해낼 수 있는 현명한 사람이다.

난 어떤 일이든 모두 처리할 수 있는 재능을 가지고 있다.

난 남들과는 다르게 일을 처리할 수 있는 창의적인 능력이 있다.

내 일상의 일들은 나 자신은 물론 내 가족 내 주변의 모든 사람들을 위한 축복이다.

당신의 내면에서 들려오는 소리를 듣는데 귀를 기울여라

 당신이 어떤 일을 시작할 때 내면에서 들려오는 소리를 무시하지 마라. 작은 소리일지라도 당신 내면의 소리를 듣기 위해 노력하라. 결국 이 말은 어떤 행동을 할 때 당신의 내면에게 질문을 던지라는 말이다. 그런 질문에 대해 만약 내면이 부정적인 반응을 보내면 그 일에 대해 당신은 주의를 기울여야 한다. 내면의 부정적인 반응이란 바로 당신에게 주의 신호를 보내고 있는 것이다. 그 주의 신호에 따라 일을 조심스럽게 진행시켜라. 그러나 반대로 당신의 내면에서 평안하고 열의에 찬 신호를 보낸다면 당신은 그 일에 대해 최선을 다해 힘차게 진행시켜라.

미래를 준비하고
그 미래를 위해 오늘을 보내라

　시간이 지나면 이루어지겠지 하는 안이한 생각으로 당신에게 주어진 너무나도 중요한 오늘이라는 시간을 낭비했는지 깊이 생각해야 한다.
　미래를 준비하고 그 미래를 위해 당신이 오늘을 어떻게 보냈는지 깊이 생각하라.

행복은
바로 당신의 일상에서 숨 쉬고 있다

　행복, 그것은 바로 당신의 일상에 늘 숨 쉬고 있으며 당신이 만들어가는 것이다.
　가능성의 씨앗이 싹을 틔우지도 못하고 죽어버리는 것이나, 싹을 틔우고 싱싱하게 자라나 푸른 잎과 화사한 꽃을 피우는 것은 모두 자신에게 달려 있는 것이다. 그 가능성의 씨앗이 죽지 않고 또 세상의 잡다한 해충들의 공격으로부터 이길 수 있는 것은 그 씨앗의 주인인 당신이 때를 맞춰 물을 주고 세심한 관심을 기울일 때만 가능하다.

당신의 목표는
결국 완전한 자기 이해라는 사실을 깨달아라

사랑이든 증오든 당신이 대하는 타인들은 외부로 반영된 당신 내면의 표현인 것이다. 당신이 세상에서 가장 증오하는 것은 당신 내면에서 가장 부정하고 있는 것들이며, 세상에서 가장 사랑하는 것도 당신의 내면에서 가장 원하는 것이다.

당신이 자신에 대해 자기 이해를 이루면 당신이 세상에서 가장 원하는 것이 당신의 마음속에 있게 될 것이며, 당신이 세상에서 가장 싫어하는 것은 당신의 마음에서 사라질 것이다.

흑과 백의 판단이라는 짐을
마음에서 떨쳐버려라

실상 판단이라는 것은 그저 있는 그대로인 상황에 옳다거나 그르다는 딱지를 붙이는 일에 불과하다. 당신의 마음에 따라 세상의 모든 것들이 이해될 수 있고 용서될 수도 있다. 그러나 당신이 어떤 것을 흑과 백으로 판단하려고 한다면 이해의 문을 닫고 사랑하기를 배우는 과정을 막아버리는 것과 마찬가지다.

당신의 몸을 **독**한 음식으로든
악한 감정으로든 물들이지 마라

당신의 몸은 당신의 생명을 유지시켜주는 것 이상의 역할을 한다. 당신의 몸은 당신을 발전시키는 가장 중요한 동력 중의 하나인 것이다. 그러한 몸이 독한 음식으로 채워지지 않는 것이 중요하며 또한 악한 감정으로 물들여 손상되는 것을 방지해야 한다.

내면으로부터 힘을 얻으면 어떠한 두려움도 이길 수 있다

 당신의 내면으로부터 두려움을 사랑으로 바꿀 수 있는 진리의 힘을 얻으면 당신은 어떠한 두려움과도 대면할 수 있게 된다. 왜냐하면 내면의 힘은 한낱 과거의 소산인 두려움에 해를 입지 않기 때문이다.

변화를 꿈꿀 수 없다는 것, 그것만큼 지치게 하는 것도 없다

 자신이 삶에 지치고 무기력해졌다고 느꼈을 때, 스스로 작은 변화라도 꾀해 보자. 삶에 지쳤다고 아무것도 안하고 무기력하게 하루하루를 맞다보면 당신의 삶은 점점 더 지쳐만 갈 것이다.
 바라는 것, 가고 싶은 곳, 가지고 싶은 것, 삶을 윤택하게 해줄 수 있는 것…… 이런 것들을 노트에 적다보면 당신의 지친 삶에 점점 활기를 되찾을 수 있을 것이다.

깨달아라, 자신의 병은 자신 스스로가 창조하고 있다

오늘 당신의 모습을 돌아보자. 병으로 고통받고 있다고 하지만 그 병들을 떨쳐버리기 위해 당신은 무슨 일을 했던가? 대부분의 사람들이 고작 병원에 가거나 약을 사먹는 데서 그치고 만다. 그런데 이런 일까지도 게을리하는 사람들이 많이 있다. 결국 병으로 고통받고 있다고 하지만 그 병을 떨쳐버리려 하지 않고 있다. 건강한 당신을 만들기 위해서는 바로 당신이 병을 올바로 보고 그 병을 떨쳐버리려는 마음을 갖는 것이다.

오늘 해가 졌지만, 내일 아침 다시 해는 떠오른다

건강한 몸을 만들기 위해서는 마음을 다스려야 한다. 건강에 있어 마음의 자세는 중요한 요소이다. 특히 쓸데없는 걱정을 버려야 한다. 걱정은 아주 나쁜 것으로, 당신을 파멸시키는 주요한 요소가 된다. 쓸데없는 걱정은 정력을 쓸데없이 낭비하게 만들면서 몸에 해를 주는 많은 반응들을 불러온다. 쓸데없는 걱정은 자신의 몸에 숨어 있던 온갖 병들을 일으켜 세운다.

당신의 마음속에 있는 쓸데없는 걱정을 털어버려라. 오늘 흐리다고 해서 내일까지 흐린 것은 아니다. 오늘은 해가 졌지만 내일 아침에 당신 앞에 해는 떠오른다.

증오, 그것은 틀림없이 몸에 해로운 독을 퍼뜨릴 것이다

 증오는 아주 위험스런 정신 상태다. 증오라는 감정으로 마음을 묶은 채 놓지 않는다면 그것은 틀림없이 당신 몸에 해로운 독을 퍼뜨릴 것이다. 그 독은 당신을 파멸시킬 것이고 그리고 돌이킬 수 없는 무서운 결과를 빚어낼 것이다.

두려움은 두려움을 낳고
그 두려움은 또 새로운 두려움을 낳는다

당신의 마음속에 있는 두려움을 버려라. 두려움은 두려움을 낳고 그 두려움은 또 새로운 두려움을 낳는다. 또한 그 두려움은 곧 공포로 변하여 당신을 지배하게 될 것이다. 당신의 마음속에 있는 두려움의 감정들을 버려야 한다.

부정적인 감정을 버려라, 방치한다면 당신 몸을 공격한다

당신은 당신의 마음속에 있는 불안, 탐욕, 불친절, 비난 등이 당신의 몸을 공격한다는 사실을 인식해야 한다. 당신이 이런 감정을 가지고 있다면 건강한 몸을 갖기를 바라지 말아야 한다. 그런 부정적인 감정의 소용돌이 속에서 당신은 건강할 수 없다. 또 마음속에 다른 감정인 자만심, 방종, 욕심 같은 것들도 불안, 탐욕, 불친절, 비난 등에 비해 다소 덜하긴 하지만, 그것들도 당신 신체의 질병이나 불편을 가져온다. 당신의 병은 무엇보다 먼저 당신의 마음에서 창조된다는 사실을 자각하라.

평소에 **노**력하라,
결과를 되돌린다는 것은 너무 어려운 일이다

당신의 부정적인 생각들이 부정적인 결과를 가져오기 시작한다면 그 결과들을 뒤집기가 어렵다. 그 결과를 뒤집는 것은 예방하는 것의 몇 배의 힘이 들어간다. 당신의 부정적인 결과를 수정하는 것이 불가능하지는 않지만 그것은 참으로 어려운 작업이다.

당신이 그 결과를 뒤집으려면 수많은 노력과 인내와 강렬한 믿음이라는 행동이 필요하다. 부정적인 결과를 치료하려면 특히 강력한 믿음을 가지고 있어야 한다. 믿음은 아주 강력한 힘을 지닌 생각이다.

생각은 힘이다, 당신의 생각을 긍정적인 것에 투자하라

당신은 오늘 깨달아야 한다. 부정적인 생각들을 버리고 긍정적인 생각으로 당신의 머리를 채워야 한다는 것을……. 그리고 당신이 부정적인 생각들을 긍정적인 생각으로 바꾸었다면 이제 그 긍정적인 생각들로 당신의 머릿속을 가득 채워라. 아마도 그 긍정적인 생각들은 조만간 당신에게 많은 긍정적인 결과를 가져오리라.

그냥 지금 생각을
조금만 바꾸기만 하면 된다

당신의 부정적인 사고방식을 해결한다면 당신 몸의 건강 문제들도 어느 정도 해결할 수 있다. 그렇게 함으로써 새로운 큰 문제들로 진전되는 것을 막을 수 있을 뿐만 아니라, 당신의 몸에 나타난 건강 문제의 일부를 치료할 수도 있다. 그리고 새로운 문제들이 당신에게 일어나는 걸 예방할 수도 있다.

나는 나를 사랑한다, 그런데

 당신은 당신을 사랑한다. 그런데 당신은 사랑에 따르는 책임은 다하지 않으려고 한다. 자신을 사랑한다면 자신을 가꾸어야 하는데도 그렇게 하지 않고 있다.
 당신도 그렇지만 대다수의 사람들은 운동보다는 오히려 잠자고 싶어 할 것이다. 그리고 한밤중에 허기를 채우기 위해 몸에 해로운 물질로 위장을 가득 채우며 잠들 것이다. 당신이 당신의 몸에게 무슨 짓을 하든 당신은 전혀 개의치 않는다. 그리하여 당신은 오늘도 병을 만들고 있다. 자신이 느끼고 깨달아야 한다. 결국 당신을 죽이는 것은 바로 당신 자신이었다는 것을 오늘 깨달아야 한다.

제2장
잠재의식을 개발하라

슬픔도 힘이 된다,
그러나 슬픔에 매몰되지는 말라

때때로 슬픔도 힘이 된다. 그러나 지금 슬픔의 감정이 너무 넘친다면 슬픔의 감정을 떨쳐버리는 것도 필요하다. 슬픔을 느끼는 것은 아주 소중하고 중요한 것이지만 그 슬픔의 감정들이 자신을 지배하는 것은 경계해야 한다.

당신이 가난하다고?
한 번 가지고 있는 것들을 기록해 보아라

 당신이 가난하다고? 그럼 한 번 가지고 있는 것들을 기록해 보아라. 눈에 보이는 것들만이 재산이 아니다. 우리들에게 중요한 것은 눈에 보이는 재산보다는 눈에 보이지 않는 것들이다. 눈에 보이는 금전적인 것들이 아니라 보이지 않는 재산에 중점을 두어 석어보아라.

 당신의 재산들을 적다보면 당신의 입가에는 웃음이 흘러나올 것이다. '내가 이렇게 많이 가지고 있었나?'

건강에 투자하라, 건강해야 모든 것을 할 수 있다

아무리 뛰어난 사람이라도 건강에 이상이 생기면 자기의 능력을 다 발휘할 수 없게 된다. 당신은 한 가정의 가장으로서 그리고 사회의 한 부분을 책임지는 사람으로서 건강을 지키는 것에 대해 소홀히 하면 안 된다. 건강을 지키는 것은 이 세상을 사는 당신이 살아 있는 날까지의 의무 중 하나이다.

고독과 불안을 친구로 만들라, 그것들은 창의적인 힘을 준다

고독과 불안을 친구로 만들라. 그것들은 창의적인 힘을 준다. 그들을 적으로 만들 때는 그들은 당신을 공격할 것이다. 그러나 고독과 불안을 친구로 만들면 그들은 당신에게 창의적인 힘을 줄 것이다.

오늘 고독과 불안을 친구로 만드는 방법을 연구하라.

여행을 떠나라,
여행은 당신 삶에 무엇을 가져다주는가

 의미 있는 여행을 떠나라. 모든 것을 잊고, 모든 것을 뒤로한 채 아무런 미련도 갖지 말고 당신만의 여행을 떠나라. 당신을 뒤돌아보고 삶의 전망을 세울 수 있는 그런 여행을 떠나보자. 당신의 발길이 닿는 대로 어디론가 가보자. 당신은 아마도 여행중에 당신을 얽매이게 하고 속박했던 것, 당신에게 생긴 문제들을 풀 수 있는 실마리를 찾을 수 있을 것이다. 그리고 여행으로 인해 당신은 새로운 것들을 배우게 될 것이다.

자신에게 편지를 써라, 당신 자신에게 질문을 던져라

 자신에게 질문을 던져라. 오늘 자신에게 편지를 써 보라. 대부분의 사람들은 자신이 진정 무얼 원하는지 그리고 자신이 어떠한 상황에 처해 있는지도 모르고 매일매일 삶에 허덕거리면서 살아간다. 세상살이가 너무 힘들어서, 너무 바빠서라는 핑계를 대면서 자기의 참모습 보기를 외면하는 사람들이 너무나 많다. 오늘 자기 자신에게 편지를 쓰자. 그리하여 당신이 누구인지 그리고 어떻게 살고 있는지 자신에게 질문을 던져보는 시간을 가져라.

 이 세상에서 나는 어떤 의미가 있는 것인가?
 세상에서 나의 역할은?
 나는 세상에서 어떤 의미를 가지며 무슨 일을 할 것인가?

세상은 빠르게 변화한다, 문명의 이기들을 적절하게 활용하라

 세상은 점점 빠르게 변해가고 있다. 세상의 모든 변화를 다 좇아갈 필요는 없지만 중요한 변화는 결국 좇아가야 한다. 이젠 정보화 시대이다.

 당신의 정보화 사회에 대한 대응책은?
 당신은 정보 수집을 어떻게 하고 있는가?
 통신과 인터넷 등 정보화 사회의 매체를 접하는가?
 당신은 컴퓨터를 어디에 이용하고 있는가?

 이제 컴퓨터는 단순히 오락 도구가 아니다. 생활의 동반자이며 정보의 창고이며 삶을 더 윤택하게 할 수도 있는 삶의 도구이다.

특별한 장소에서
당신만의 특별한 시간을 보내라

특별한 장소에서 당신만의 특별한 시간을 보내라. 대부분의 사람들이 대부분의 시간을 가족과 직장을 위해 살아간다. 그런 와중에 당신이라는 존재는 점차적으로 희미해져 간다. 그러다보면 당신이 행복이라는 감정을 느끼기가 어려울 것이다. 처음에는 가족과 직장이 당신에게 행복감을 줄 수 있을지 몰라도 당신 자신을 점차 잃어버린다면 그런 행복도 오래 가지는 않을 것이다. 바쁘다고 해서 당신이 당신이기를 포기한다면 아마도 당신 삶의 행복이 찾아오기는 어려울 것이다. 오늘부터 짧은 시간일지라도 특별한 장소에서 당신만의 특별한 시간을 보내라.

취미 생활에 투자하라, 새로운 당신의 존재가 생겨난다

취미 생활에 투자하라. 아직도 당신이 하고 싶은 일에 투자하지 못했다면 당신의 할 일들에 대해 정리해 보아라. 그리고 그 목록에 당신의 취미 생활에 투자할 항목을 같이 작성하라. 당신의 할 일들에 대한 목록에 당신 자신을 끼워넣을 수 있어야 한다. 무엇 때문에 당신은 일을 하고 있는가? 바로 당신 삶의 행복을 위해 일하고 있는 것이다. 그런데 대부분의 사람들은 일 때문에 자신의 행복을 무시하거나 포기하곤 한다. 지금이라도 당신의 할 일들에 대한 항목에 당신 자신을 집어넣고 당신의 취미 생활에 투자하라. 새로운 당신의 존재가 생겨난다.

또 다른 삶의 양식 집, 당신이 앞으로 머물 집을 그려보아라

또 다른 삶의 양식 집, 비록 집이 작고 누추하더라도 그 집을 어떻게 이용하느냐에 따라서 당신의 삶이 크게 바뀔 것이다. 또 미래에 머물 집을 그린다는 것은 바로 당신의 미래를 그리는 것이다. 집을 만들 때 중요한 것은 그곳에 살 사람, 즉 당신의 철학과 감정과 삶이 그 집에 표현되어야 하는 것이다. 그렇기에 당신이 그리는 집은 단순한 집이 아니라 당신의 삶을 그리는 것이다.

만나라,
용기와 희망을 불어넣어 준 그 사람을

　만나라, 당신에게 용기와 희망을 불어넣어 주었던 그 사람들을 다시 만나라.

　만나라, 당신이 세상을 살아가면서 현대의 당신 모습에 만족하지 않고 보다 발전된 당신을 만들어줄 용기와 희망을 불어넣어 주는 그런 사람을 만나라.

　만나라, 좌절과 절망 속에서 어두운 밤길을 헤매고 있는 당신에게 구원의 등불을 가져다줄 수 있는 사람을 만나라.

　당신의 노트에 정리해 보자. '당신이 이 세상에서 꼭 만나야 할 사람들을, 그리고 어떻게 하면 그 사람들을 만날 수 있을까?'에 대해서…….

형식이 어찌되었든 간에 한 권의 책을 만들어보자

 한 권의 책을 만들어보자. 어떤 일이든지 글로 써보자. 당신만의 책을 갖는다는 것은 삶에 있어 아주 큰 의미가 있는 것이다. 그 책이 비록 프린터로 뽑아서 만든 것일지라도 당신의 생각과 삶, 그리고 주장 등을 담고 있는 아주 중요한 것이다. 그 책의 형시이 어찌되었건 간에 당신만의 책을 한 권 만들어보자. 그러면 당신을 돌아볼 수 있는 계기를 줄 것이며 또 당신 삶의 비상을 가져오는 계기가 될 수도 있는 것이다.

기념일을 기억하라,
당신 삶이 풍요로워질 것이다

　기념일을 기억하라. 친구든 가족이든 직장의 동료든 그리하여 그 기념일에 작은 축하를 해줄 수 있는 배려를 하자. 그러면 당신의 삶은 당신이 기억해 준 그 사람들로 인해 풍요로워질 것이다. 남의 기념일을 기억하지 못하는데 당신의 기념일에 축하받고 싶어 한다면 그것은 정말 잘못된 생각이다.

지금 문 밖을 나서라, 삶의 경이로움이 당신을 기다리고 있다

지금 문 밖을 나서라. 삶의 경이로움이 당신을 기다리고 있다. 당신이 그런 곳에 다녀옴으로써 여러 가지의 이익을 가져올 것이다. 가장 큰 이로움은 당신의 삶에 경이로움을 가져다주는 것이다.

당신이 취해야 할,
당신이 버려야 할 사소한 것들은 무엇인가

 인생이란 얼마나 사소한 것들이 모여서 만들어지는가? 사소하고 사소한 일들이 모여서 당신의 삶이 되는 것이다. 그러나 사소한 것에도 취할 것과 버릴 것들이 있다.
 당신이 취해야 할, 또 버려야 할 인생의 사소한 것들은 무엇인가? 오늘 당신을 돌아볼 수 있는 기회를 가져라. 당신에게 있어 정말로 사소한 것들과 중요한 것들에 대해 생각해 보아라.

 당신에게 진정 중요한 사소한 것들은 무엇인가?
 당신이 버려야 할 사소한 것들은 무엇인가?

감동적인 이야기를 당신 것으로 만들어 삶의 지침서로 삼아라

삶을 살아가는 데 있어 도움을 줄 수 있는 감동적인 이야기 몇 개를 당신이 알아두는 것도 유익하다. 그리고 그 이야기를 당신이 직접 적어보라. 그냥 적는 것이 아니라 당신의 삶에 있어서 정말로 도움을 받을 수 있도록 이야기를 엄선해서 적어보아리. 그러면 그 이야기는 단순한 이야기가 아니라 당신 삶의 지침으로 삼아 이 세상을 살아가는 데 있어 도움을 받을 수 있으리라.

책을 읽어라,
당신이 모르는 것은 책이 알려준다

책을 읽어라.

당신이 모르는 것은 책이 알려준다.
당신이 모르는 것은 책에 있다.
당신의 무지를 깨우쳐주는 것은 책이다.
책은 곧 스승이요, 삶의 동반자이다.

 당신에게 있어 독서는 결코 취미가 아니라 삶의 일부가 되어야 한다. '책은 위대한 천재가 인류에게 남긴 유산이다.' 라는 말처럼 독서는 선인들의 발자취를 깨닫게 하며 이를 자신의 것으로 만들어 새로운 것을 창출해 낼 수 있는 원동력이다.

세상을 살아가는 당신의 무기는 무엇인가

 세상을 살아가는 당신의 무기는 무엇인가? 무기만 좋다고 해서 전쟁에서 무조건 승리하는 것은 아니지만 무기가 너무 형편없이 떨어진다면 전략과 전술도 무용지물이 될 것이다. 무기도 어느 정도 뒷받침되어야 전쟁에서 승리할 수 있는 것이다. 그렇기에 자신이 세상을 살아가는 무기가 무엇인지 살펴보고 그 무기의 성능들을 점검해 보라. 특히 과거에 있었던 당신의 무기에 대해 자만하지 말라. 무기도 업그레이드하지 않는다면 바로 녹슬어 고철이 되어버린다. 당신이 세상을 사는데 있어 필요한 무기를 갈고닦아 늘 성능을 발휘할 수 있도록 노력해라.

성장은 영혼을 가꾸는 일이다

당신의 육체는 25년, 심장은 50년 동안 성장하지만 정신은 언제까지나 성장한다. 육체는 유한하지만 정신의 크기는 무한하다. 육체는 비록 자연으로 돌아가지만 그 정신은 남아서 후대로 계속해서 이어진다. 인생의 절정기는 중년이라 할 수 있다. 그 시기에 사람들은 보다 완숙해지고 영혼은 성숙기를 맞이한다. 사고는 더욱 넓어지고 능력은 최대한 발휘되며 행동은 이성에 순응한다. 모든 것들이 무르익고 성숙하다. 당신은 그 시기부터 새로운 삶을 위해 새로운 시작을 준비해야 한다. 그러나 절정기를 맞고도 어떤 사람은 전혀 새로운 삶을 시작하지 않는다. 또한 어떤 사람은 날마다 새롭게 태어나는 기분으로 삶을 영위한다. 인생의 황금기를 어떻게 맞이하느냐에 따라 당신의 삶이 결정된다.

고난이 미래의 문을 연다, 운명은 시련의 순간에 결정된다

사람을 사람답게 만들고 지혜를 얻도록 만드는 것은 바로 고난과 시련이다. 시련을 겪기 이전에는 참다운 사람이 되지 못한다. 배를 곯아본 사람만이 음식의 소중함을 알 듯 당신도 시련을 통해 진정한 자아를 찾게 된다. 인생을 살아가면서 평탄한 길만 걸어간다면 그 얼마나 따분하고 심심한 것이 되겠는가. 당신의 앞을 가로막는 장애물이 나타나더라도 그것을 헤치고 나아감으로써 미래의 문은 열리고, 지혜를 얻게 되며, 운명을 개척해 나갈 수 있는 것이다.

배는 돛을 올려서
바람의 힘을 이용할 때 더욱 빠르다

모든 일을 할 때에는 당신의 집중력을 최대한 이용해야 좋은 결과를 얻을 수 있다. 그렇지 않으면 일은 지연되고 싫증을 느끼게 되어 결과도 얻을 수 없게 될 수 있다. 집중력은 마치 바람을 이용해 항해를 쉽고 순조롭게 이끄는 돛과도 같다. 어떤 일을 하든지 간에 자신의 생각을 한곳으로 모아 집중력을 기르는 일은 어쩌면 가장 먼저 해야 할 인생의 목표인 것이다. 집중력을 발휘해 일을 추진하고 있는 당신은 이미 많은 고난을 극복하고 있는 것이며, 앞으로 닥칠 험난한 역경도 극복할 수 있는 것이다. 그러나 집중력을 발휘하지 않고 어떻게 잘 처리되겠지 하고 생각한다면 아무리 성공을 갈망해도 결국 실패로 끝나고 말 것이다.

인생의 참다운 기쁨은
모험의 시간 속에 깃들어 있다

　폭포의 근원지를 알기 위해서는 절벽 위로 올라가야 하듯이 인생의 참다운 기쁨을 얻기 위해서는 어떠한 모험도 마다해서는 안 된다. 마찬가지로 세상을 알려면 세상에 발을 딛고 가슴으로 세상을 안고 그 세상을 부대껴 느껴보아야 한다. 당신이 당신의 마음을 열어두면 날마다 새로운 모험을 시도할 수 있다.
　당장 일어나 세상으로 나가라. 어떤 험난한 고난과 파도가 기다리더라도 그것을 즐기며 이겨내야 한다. 그것을 벗어났을 때 비로소 인생의 기쁨을 누릴 수 있게 된다.

세 살 버릇이 여든까지 간다

　습관이란 여러 번의 경험을 통해 당신의 몸에 밴 일종의 무의식적으로 나타나는 행동이다. 좋은 습관이든 나쁜 습관이든 자신도 모르는 사이에 밖으로 표출되어 남의 눈에 띄게 된다. 따라서 올바른 습관은 어린 시절부터 기르는 것이 좋다. 일단 한 번 몸에 밴 습관은 좀처럼 변화시키기 어렵다. 그러기 위해서는 곁에서 누군가 당신의 습관을 보고 칭찬이나 충고를 해줄 사람이 필요하며, 당신은 칭찬을 받은 습관에 대해서는 그것을 더욱더 실천해야 하고 충고받은 습관은 의지를 가지고 고치려는 노력이 필요한 것이다.

두뇌의 활동을 활발하게 만들라

 인간의 모든 것을 조종하는 두뇌의 활동을 왕성하게 하라. 인간의 두뇌가 육체에서 차지하는 부분은 얼마 되지 않지만 사용하면 할수록 그 기능을 한없이 발휘하게 된다. 인류의 모든 문명과 업적은 인간의 끝없는 두뇌 활동에 의해 이루어졌다고 해도 과언은 아니다.

 활은 아무리 잡아당겨도 더 많이 휘어질 뿐 쉽게 부러지지 않는다. 많이 휘어진 활에서 시위를 당기면 화살은 멀리 날아가게 된다. 활을 많이 당겨 화살을 멀리 보내는 것처럼 당신의 두뇌를 왕성하게 사용해 그 능력을 최대한 활용하도록 해라. 두뇌는 더욱 민첩하게 반응하고 점점 더 활발하게 움직일 것이다.

현명한 사람은 움직이고 있을 때, 정지할 시기를 생각한다

꽃은 만개하고 나면 지기 시작하고 달 또한 차면 기운다. 산 정상에 오르면 내려가기 마련이다. 당신이 현명한 사람이라면 움직이고 있을 때, 정지할 시기를 생각해야 한다.

사랑과 자선, 선행은
미덕이 연주하는 아름다운 선율이다

 남을 보살피며 돕는다는 것은 너무나도 아름다운 것으로써 모든 사람으로부터 사랑을 받게 된다. 비록 보이지 않는 곳에 있더라도 환한 빛이 당신을 비추게 되어 드러내지 않아도 다른 사람들이 저절로 알게 된다. 물질적으로 풍요한 사람이 되지 말고 정신적으로 가슴으로 풍족한 사람이 되어야 한다. 그리하여 그 가슴으로 다른 사람을 포용하고 세상을 안아서 더 멋진 세상을 만들어보자.

완전한 절망은 없다

삶을 살아가면서 항상 좋은 결과만을 얻을 수는 없다. 자신의 능력과 주어진 환경 등 여러 조건들로 인해 실패를 경험하는 경우도 많다. 그러나 당신은 어떤 고난과 좌절 앞에서도 결코 주저앉아서는 안 된다. 아무리 힘들고 열악한 상황일지라도 언제라도 다시 일어나 도약할 수 있도록 준비를 하고 있어야 한다. 힘든 시기가 지나면 축복의 미래가 당신을 맞이한다. 당신이 목표와 신념을 가지고 있다면 아무리 거센 폭풍우를 만난다고 해서 그 항해를 중단하지는 않을 것이다. 그것과 싸워 이겨 끝내 원하는 목적지에 도달하게 된다.

지혜는 당신의 영혼을 더욱 풍요롭게 가꾼다

 지식이 외면으로 표출된 것이라면 지혜는 마음속에 내재된 지식과 같은 것이다. 지식은 많은 것을 배워 쌓을 수 있으나 지혜는 세상을 살면서 경험을 통해, 대화를 통해, 독서를 통해 터득해 나가는 것이다. 따라서 많이 배우지는 않아도 지혜로운 사람이 있는 것이다. 당신은 지혜로운 사람이 되도록 노력해야 한다. 지혜는 당신의 영혼을 더욱 풍요롭게 가꾸어주기 때문이다.

마음을 열어라

당신이 살아온 길을 돌이켜 생각해 보고 현재의 상황을 직시하면 당신이 가야 할 길은 명확히 드러날 것이다. 그렇지 않다면 당신의 현재 상황에서 자기 발전에 게을리하지 말고 능력을 계발해 길을 선택해야 한다. 당신의 인생은 천국을 향한 동경심과 지옥에 대한 공포로 채워져 있다. 당신은 성장을 거치면서 당신만의 인생을 살아가게 된다. 그리고 당신에게 주어진 운명을 받아들이고 어떠한 유혹에도 동요되지 않는 지혜를 배우게 된다. 삶은 살아갈수록 더욱더 복잡하게 되지만 당신의 폭넓고 깊은 지혜를 쌓아 이를 활용한다면 어두운 바다에서 항해를 한다고 할지라도 목적지로 인도해 주는 한 줄기 빛이 당신의 눈에 보이게 된다.

행복에 이르는 길은 무수히 많다

　당신은 수없이 많은 길들 중에서 한 곳을 선택해 앞으로 나가야 하는 선택의 기로에 서게 된다. 선택해야 할 길이 올바른 길이 아니라면 처음부터 발을 들여놓지 않는 것이 좋다. 이미 그 길에 접어들게 되면 그 길이 올바르지 않다는 판단을 내리는 것도 쉽지 않고, 판단을 내렸다고 해도 셔츠의 첫 단추를 잘못 끼우면 처음부터 다시 끼워야 하듯 올바른 길로 가기 위해서는 되돌아가야 하는 이중 삼중의 고통을 극복해야 한다.

　순간의 선택이 당신의 삶을 행복과 불행의 길로 인도하게 된다. 당신은 그 길을 선택해야 하며, 올바른 길을 선택하기 위해서는 당신에게 자기 개발과 지혜를 요구한다. 그렇지만 가장 중요한 것은 선택한 길을 보다 어떤 마음으로 생각하며 걸어가느냐 이다.

빛은 어둠을 밝힌다

 당신이 폭풍우가 몰아치는 칠흑 같은 어둠 속에서 표류하거나 산속에서 길을 잃어 헤매고 있을 때 저기 멀리서 한 줄기 빛이 비친다면 그것은 바로 구원의 빛이 될 것이다. 너그러운 마음과 사물에 대한 통찰은 당신의 인생을 구원해 주는 빛과 같다. 또한 남을 이해하는 마음과 남에게 봉사하는 마음도 새벽의 시작을 알리는 여명과도 같은 것이다. 그러한 빛이 없다면 당신은 넓디넓은 바닷가 모래 위에서 바늘을 찾아야 하는 수고를 감당해야 한다.
 여유가 되면 그들이 남긴 인생의 향기를 맡으며, 그것에 당신 인생의 향기를 더해 보도록 하자.

친구의 신발을 신고 걸어보아라

 인생의 살면서 아무리 강조를 해도 지나치지 않는 것이 있다면 당신 인생의 동반자이자 조언자인 친구일 것이다. '친구는 하나의 영혼이 두 개의 육체에 깃든 존재'라는 말처럼 친구는 자신을 표출하는 또 다른 자신이다.
 당신 인생의 참맛을 알게 해주는 친구를 가져야 한다. 친구가 당신을 위해 무엇을 해줄 것인가를 생각하기 전에, 당신이 친구를 위해 무엇을 해줄 수 있는가를 먼저 생각하고 실천하라.

주는 만큼 받는 것, 그것이 바로 인생이다

 당신이 지금 남에게 행하고 있는 모든 것들은 나중에 그것을 바탕으로 다른 사람으로부터 그에 상응하는 수확을 거둘 수 있는 씨앗을 뿌리는 것이다.

 농부가 가을에 많은 수확을 꿈꾸며 봄에 씨앗을 뿌리고, 싹이 트면 온갖 정성으로 보살피듯 당신이 하는 말과 행동을 농부가 뿌리는 씨앗과 같이 생각하고 정성으로 최선을 다해야 한다. 당신이 쏟은 애정과 관심은 언젠가는 당신에게 더 많은 애정과 관심을 수확하게 해주는 것이 인생이다.

혼자 남겨지기 전에 떠날 줄 알아야 한다

　머무를 때와 떠날 때를 알아야 한다. 머무를 때 떠나는 것은 무정한 사람으로 보이고, 떠날 때 머무르는 것은 남에게 해가 된다. 그 결정은 당신의 지혜에 달려 있다.

　유능한 선장은 거센 파도에 부디쳐도 뱃머리를 보고 걱정하는 것이 아니라, 저 먼 곳을 바라보며 배가 안전하게 도착할 항구를 생각하며 항해하는 것이다. 당신도 좀 더 멀리, 높게 바라보며, 당신이 가야 할 곳으로 당신을 필요로 하는 곳으로 가기를 꺼리지 말아야 한다. 떠나는 아쉬움과 그리움, 즐겁게 맞이하는 설레임과 기대감을 생각하며 떠날 시기와 머물 시기를 결정하는 지혜를 가져야 한다.

우정은 매우 소중하다

친구와의 우정을 유지하는 것은 새로운 사람을 만나 친구로 만드는 것보다 훨씬 중요한 일이다. 친구가 없다면 당신은 고독할 수밖에 없다. 그리고 험난한 세상을 혼자서 살아가야 하는 것과 같다. 친구가 당신에게 말하는 듣기 싫은 충고에도 귀를 기울이자. 당신을 사랑하고 친구로 생각하기 때문에 들려주는 말이기 때문이다. 정신적으로나 육체적으로 당신의 발전을 위해 기꺼이 받아들여야 한다. 당신의 친구로부터 무슨 충고를 들었는지, 당신은 친구를 위해 무슨 충고를 해주었는지 생각해 보고 그 충고를 듣고 자신을 변화시키려 노력했다면 당신은 진실한 친구를 가지고 있는 것이고 진실한 친구가 될 자격이 있는 것이다.

아이처럼 세상을 바라보라

 당신의 인생이 힘들다고 생각되면 모든 것을 잊고 어릴 적 동심의 세계로 여행을 떠나보아라. 천진난만한 어린이의 세계로⋯⋯. 아무 걱정도 없을 것 같은 해맑은 어린아이의 얼굴을 보고 아무것에도 물들지 않은 어린아이의 마음을 생각해 보면 당신의 생활이 좀 더 여유로워지고 즐거운 일상이 될 것이다.
 어린아이는 결코 선입관을 가지고 사물을 보는 법이 없다. 항상 새로운 것으로 받아들이고 배우는 자세를 어린아이에게 배워야 한다.

평화롭게 살라

 세상은 당신이 걱정하는 것만으로 변화되지 않는다. 백 년도 살지 못하면서 천 년을 근심으로 살아가는 인간들이라 하지 않았던가? 고민과 근심하는 것만으로 자신에게 닥친 문제를 해결할 수는 없다. 오히려 차라리 잊고 평안한 마음을 유지해 평화롭게 사는 것이 정신 건강에도 도움이 된다. 당신이 평화로워 다른 사람과 다툼이 생기지 않는다면 그 여파는 다른 사람에게로 이어져 퍼지게 되어 평화로움이 찾아온다.

자기 마음을 믿어라

당신 자신을 믿기 위해서는 당신의 마음을 먼저 믿어라. 그 믿음이 확실하게 되었을 때, 마음에 투자를 하라. 마음이 들려주는 소중한 이야기를 듣고 실행에 옮겨라. 당신이 그토록 고민하던 어려운 문제가 쉽게 해결될 수 있을 것이다. 당신의 마음은 결코 당신을 배반하거나 시험하지 않는다. 불행이 다가올 것을 미리 감지해 당신에게 전해 주나 그 소리는 믿음에 비례해 들리게 된다.

진실로 마음을 믿고 마음의 소리에 귀를 기울여 보아라.

자신을 사랑하라

 자신을 사랑하라. 세상에서 가장 소중한 것은 바로 자신이다. 자신이 존재하고서야 세상도 존재하는 것이다. 아무리 세상에 봉사를 한다고 해도 자신을 외면한 사랑은 반쪽 사랑이고 자신을 속이는 행위이다. 스스로에 대해 평소에 얼마나 좋은 느낌을 가지고 자신을 사랑하며 생활하고 있는가 반문해 보아라. 스스로를 사랑하고자 하는 마음이 바로 행복한 생활의 출발점이다. 당신 자신을 포함해 세상의 모든 존재를 사랑한다면 당신의 삶은 항상 활기차고 인생 자체가 즐거운 것이 된다.

최선의 노력을 다했다면
마음을 비워 기다려라

 당신의 모든 일에 최선을 다하자. 최선을 다했다면 후회도 없을 것이다. 그리고 마음을 비우고 결과에 만족해라. 당신이 최선을 다해 얻은 결과였으므로, 나머지는 운을 탓해도 좋을 것이다. 후회를 한다는 것은 최선을 다하지 않았다는 것이다. 따라서 좀 더 좋은 결과를 얻기 바란다면 자신의 능력을 키워서 다시 한 번 최선을 다해서 도전해 보자.

 지금 상황을 돌이켜보라. 현재 상황에 만족하지 못한다면 당신은 과거 어느 순간엔가 최선을 다하지 않았다는 것이다. 최선을 다했음에도 현재를 볼 때, 만족하지 못한다면 그것으로 후회는 하지 말자.

시간을 두고 힘을 길러라

알에서 부화한 어린 새들은 하늘로 비상하기 위해 많은 시간을 인내하며 작은 날갯짓을 계속해서 퍼덕인다. 그러다 마침내 힘을 길러 둥지를 박차고 하늘로 솟아오르는 것이다. 당신도 어린 새들처럼 힘이 축적되지 않고 능력이 부족한 상태에서 모든 것을 이루려고 하지 말고, 조급하게 생각하지 말고 서두르지 않으면서 시간을 두고 서서히 당신의 힘과 능력을 키워야 한다. 비로소 그 시기가 오면 둥지를 박차고 날아오르듯 세상 밖으로 당신의 몸을 던져야 한다.

이미 받았음을 감사하라

 당신 주위에 일어난 일에 대해 비록 하찮고 아무리 작은 것을 얻었더라도 감사하는 마음을 갖자. 가장 큰 고마움은 그 고마움이 너무나도 커 받는 사람들로 하여금 당연하게 여길지언정 고마움을 느끼지 못하게 하는 것이다. 당신의 생명을 영위할 수 있게 하는 많은 여건들을 생각해 보아라. 대기 속의 산소와 무한정할 것 같은 물 등 이러한 것이 단 5분, 하루라도 없으면 당신의 존재를 논할 수조차 없게 된다. 그러나 그 고마움을 느끼지는 못한다.

 아무런 잡념 없이 아무런 의심 없이 지금 바로 성취되었음을 믿어야 한다. 그 성취된 것에 감사를 드리고 환희를 느껴보자.

지위는
능력을 인정받아야만 지킬 수 있다

 당신의 지위를 지키기 위해서는 객관적인 능력으로 평가받고 인정받아야 한다. 조직을 이끄는 지위에 있는 사람이나 그 안에서 역할을 담당하는 사람이나 모두 자신의 능력을 제대로 활용할 수 있어야 그 조직은 원활히 발전하게 된다.
 남들로부터 존경받으려면 애정으로만 감싸거나, 지나치게 사무적이어서는 인간미를 느낄 수 없다.

자신과 대화하라, 또 하나의 내가 있음을 발견하리라

스트레스가 많이 쌓이거나 일이 제대로 처리되지 않을 때에는 자신에게 그것들을 털어놓고 이야기해 보자. 혼자만의 공간에서 아무도 듣는 사람이 없다면 아주 큰 소리로 속이 후련해질 때까지 이야기해 보자. 결코 듣기 싫어하거나 짜증을 내는 일도 없고 그로 인해 어떠한 불이익도 당하지 않는다. 솔직하게 가끔은 과장되게 자신의 모든 것을 털어놓고 대답을 기다려보자. 의외로 막혀 있던 문제를 쉽게 해결할 수 있는 명쾌한 원인과 대책을 들려주기도 한다. 지속적으로 당신 자신과 대화를 통해 문제를 던지고 해답을 얻는 사이 당신에게 많은 지혜가 있었음을 발견하게 된다.

제3장
새로운 것에 끊임없이 도전하라

당신 운명의 주인은 바로 당신이다

누가 뭐라고 해도 당신은 당신 운명의 주인이자 조종사이다. 어떻게 삶의 태도를 갖느냐에 따라 당신의 삶은 변하게 될 것이다. 긍정적 생각과 열정적인 자세로 이 세상을 살아간다면 당신은 자신의 운명을 스스로 개척해 나갈 수 있으리라.

이 세상에서 그 누구도 당신의 생을 대신 살아주지는 않는다. 그렇기에 당신 삶의 주인공은 당신일 수밖에 없다.

운명의 절반은 신이,
나머지 절반은 당신이 가지고 있다

 어떤 일을 함에 있어서 자신의 운명이나 환경을 탓하지 말고, 절반의 운명을 가진 당신이 적극적으로 개척해 나갈 때, 당신의 진정한 운명이 당신에게 펼쳐지는 것이다.

물속에서 필사적으로 숨 쉬기를 바란 것처럼 지식을 습득하라

소크라테스의 한 제자가 어느 날 그에게 질문했다.

"지식을 얻고 싶습니다. 어떻게 하면 지식을 얻을 수 있을까요?"

제자의 질문을 받은 그는 질문을 한 제자를 동행해 바닷가로 갔다. 그는 제자의 머리를 바닷물 속에 밀어넣었다. 영문도 모르는 제자는 버둥거리며 물 밖으로 머리를 내밀려고 안간힘을 썼다. 가까스로 물 밖으로 머리를 내민 제자에게 그가 물었다.

"너는 머리가 물속에 있는 동안 무슨 생각을 했느냐?"

지친 제자가 그에게 대답했다.

"단지 숨을 쉬고 싶었습니다. 이 세상 모든 공기를 들이키고 싶었습니다."

그는 웃음을 띠우며 제자에게 말했다.

"네가 모든 힘을 다해 공기를 마시길 원했던 것처럼 네가 지식을 얻기를 갈망한다면 반드시 원하는 지식을 얻을 수 있을 걸세."

어떤 것이든 그것을 얻고 싶다면 강렬한 열정이 있어야만 얻을 수 있는 것이다. 지식도 마찬가지다. 당신이 지식을 쌓고자 하는 열망이 없는데 어찌 지식이 쌓일 수가 있을 것인가? 남이 당신의 머릿속에 아무리 많은 지식과 지혜를 집어넣어도 당신이 그것을 받아들일 마음이 없다면 그것은 당신의 것이 될 수 없는 것이다.

기적을 이루는 힘은
당신의 내면에 숨 쉬고 있다

미국의 유명한 인권지도자인 킹 목사의 일화이다. 그는 젊었을 때 수레를 끌고 언덕길을 올라가는데 워낙 무거워서 누군가가 뒤에서 수레를 밀어주어야 했다. 그래서 그는 수레를 세우고 사람들이 지나가는 길에 우두커니 서서 수레를 밀어줄 사람을 기다렸다. 그러나 그 누구도 수레를 밀어주겠다고 나서는 사람은 없었다. 그는 하는 수 없이 무거운 수레를 끌고 급한 언덕을 오르기 시작했다. 곧 그의 온몸에 땀이 비 오듯 쏟아지고 숨이 막혀왔다. 바로 그때 그 힘든 모습을 본 어느 행인이 뒤에서 수레를 밀어주기 시작했. 바로 기적을 일으키는 힘은 당신에게 있다. 땀흘려 노력하다 보면 기적 같은 일이 이루어지는 것이다. 기적을 바란다면 힘들지만 땀흘려 한 걸음씩 차근차근 걸어가라. 그러다 보면 기적은 이루어질 것이다.

당신에게 있어 창의력은
새로운 세상을 열어준다

　세상을 살아가는 데에는 여러 가지 중요한 요소들이 있다. 그중에 하나로 창의력을 손꼽을 수 있다. 지금은 창의력이 중요한 시대가 되었다.
　창의력이란 세상의 어떤 것들에 대해 호기심을 가지고 그 호기심을 풀어가는 데서 생겨나는 것이다. 세상을 당신 자신이 능동적으로 받아들이고 그리고 적극적으로 행동하는 데에서 창의력은 개발될 수 있는 것이다.

세상을 열린 눈으로 받아들여라, 당신은 다른 세상을 본다

 세상은 넓고, 복잡하고, 알 수 없는 상황들이 많이 벌어지는 곳이다. 그런데 그런 세상을 당신의 잣대로만 보려고 한다면 제대로 볼 수가 없는 것은 당연한 일이다. 그리고 다른 사람을 이해하려고 하는 것도 마찬가지다. 당신이 지닌 경험과 배운 것으로만 다른 사람을 이해하려 한다면 많은 오해를 가져올 수밖에 없는 것이다.
 열린 마음으로 타인을 받아들임으로써 올바르게 사람을 이해하게 될 것이다. 마찬가지로 세상을 열린 눈으로 받아들인다면 당신은 아마도 세상을 이해하게 될 것이다.

마음을 수련하고 정화하는데
계속 노력하라

 이 세상을 살아가는데 있어 당신의 마음을 수련하고 정화하기를 계속해서 노력하라. 살아가면서 당신의 마음을 수련한다면 당신은 악의 달콤한 유혹으로부터 벗어날 수 있을 것이다. 그리고 시기와 질투심으로부터 벗어나 당신 마음이 한결 가벼워지고 행복을 느끼게 될 것이다.

신념을 가져라,
당신의 진정한 모습을 만드는 힘이다

신념이란 당신이 생각하는 바를 세상에서 이루는 것인데 사람들의 성질 가운데 하나는 당신이 생각하는 대로 세상이 이루어진다는 것이다. 남이 보기에는 부정적인 일일지라도 긍정적인 사고의 사람은 부정적인 일도 긍정적인 요소의 하나로 생각해 그 일은 결국 긍정적인 것으로 바뀌게 된다.

사랑의 힘과 우정의 힘을 자각하라, 발전의 원동력이다

사랑의 힘과 우정의 힘을 인식하라. 사랑이나 우정은 바로 당신을 만드는 발전의 원동력인 것이다. 그리고 그것들은 당신을 당신답게 만드는 가장 인간적인 힘이라는 것을 자각하라. 오늘 당신의 연인에게, 친구에게, 가족에게 감사하는 마음을 가져라. 그리고 그들에게 감사의 마음을 표시하라.

늘 새로운 것을 배워야
세상을 바로볼 수 있다

 세상에서 늘 배우려는 자세를 지니고 살아야 한다. 안다는 것은 세상을 보는 눈이다. 그리고 아는 것은 바로 당신의 힘이 된다. 늘 새로운 세계를 보기 위해 노력하고 점검하는 기회를 가져라. 당신이 늘 새로운 것을 배우기 위해 최선을 다해야만 세상을 바로볼 수 있는 것이다.

바쁘더라도 책 중의 책을 읽어라

 어떤 이는 말한다, 책을 읽고 싶어도 시간이 없다고. 그러나 그 말을 하는 사람들을 보면 대부분 몸만 바쁜 사람들이다. 누구에게나 동일하게 주어진 시간을 효과적으로 활용하지 못하고 그 방법을 모르기 때문에 책을 읽을 시간이 없는 것이다. 현명한 사람이라면 아무리 바쁜 와중에서라도 책을 읽을 것이다. 그러면 책을 읽기 위해 기울인 노력만큼 독서는 당신에게 보답을 할 것이다.

 아무리 좋은 것이라도 남을 따라서만 한다면 그 효과는 반감된다. 책을 읽는 것도 마찬가지다. 당신에게 맞는 독서법을 개발하라. 목적에 따라 책을 선택하고 읽는 것을 습관화해 독서가 당신 삶의 일부분이 되도록 하라.

인내와 용기를 가져라, 그것은 당신의 힘이다

 이 세상을 살아감에 있어 인내와 용기를 가져라. 인내란 바로 당신의 용기인 것이다. 당신의 주변 환경이 아주 열악해 당신을 괴롭히고 포기하도록 유혹해도 포기하지 않는 것은 당신의 용기인 것이다. 용기란 실천함으로써 진정한 용기가 되는 것이다. 다시 말해 인내란 바로 용기의 실천인 것이다.

눈에 보이지 않지만 당신을 존재하게 하는 그것들을 믿어라

눈에 보이지 않지만 당신을 존재하게 하는 그것들을 믿어라. 당신의 눈에 보이지 않으나 당신은 공기를 호흡하고, 당신의 눈에는 보이지 않지만 당신은 사랑하고, 당신의 눈에는 보이지 않지만 당신은 우정을 믿으며 이 세상을 살아가는 것이다. 당신의 눈에는 이런 것들이 보이지 않지만 이것들은 그 어떤 것들보다도 소중한 존재들이다.

마음의 **밭**을 일구어
당신 마음의 **눈**을 활짝 뜨게 하라

 영혼을 살찌울 수 있는 책, 품격을 풍요롭게 해줄 수 있는 책, 영혼을 깨끗하게 해줄 수 있는 책, 인생의 의미가 무엇인지를 알려줄 수 있는 책, 어떤 것에 대해 당신이 깊이 깨닫게 해줄 수 있는 책, 마음의 눈을 활짝 뜰 수 있게 해줄 수 있는 책, 당신은 그런 책을 읽어야 한다.

머리가 좋은 사람보다는
현명한 사람이 되라

 현명한 사람이 되기 위해 노력하라. 즉흥적이고 기분에 따라 행동하지 않기 위해 모든 일에 있어서 사려 깊게 생각하고 그에 따라 행동도 주의 깊게 하라.
 머리가 좋은 사람보다는 현명한 사람이 되기 위해 노력하라.

다른 사람을 함부로 판단하지 마라

 함부로 단정하지 마라. 당신이 내리는 단정은 때때로 틀릴 수도 있다. 그리고 서투른 단정으로 인해 자신이 상처를 입음은 물론 남에게도 큰 상처를 줄 수 있다.
 사람을 판단할 때도 함부로 단정하지 마라. 사람을 판단하는 방법도 많고 그 기준도 많다. 다만 그 방법이나 기준이 너무 개인적인 것에 기인해 어떤 선입관이 개입되어 잘못 판단을 내릴 수도 있는 것이다. 그러기에 사람을 판단함에 있어서 당신 혼자서 함부로 판단을 내려서는 안 된다.

새로운 것에 끊임없이 도전하라

 세상은 너무나 빠르게 변하고 있다. 그 변화에 맞춰 당신이 생존하는 방법 중의 하나는 무엇인가 새로운 것에 끊임없이 도전하는 것이다. 당신이 새롭게 도래한 정보화 사회에 적극적으로 대응하기 위해서 무언가 끊임없이 새로운 것에 도전하는 것이 중요하다. 새로운 것에 도전한다는 것은 그만큼 실패의 확률도 높다는 것이다. 그러나 실패를 두려워하는 사람은 더 이상 발전할 수가 없다.

제대로 된 계획을 세워라

 당신이 계획을 세우더라도 제대로 된 계획을 세울 수 있어야 한다. 어떤 일이건 제대로 된 계획이 있어야 일이 성공할 수 있는 것이다. 계획을 세울 때는 우선 '5W 2H' 원칙에 의해서 정리하는 것이 좋다. 그리고 계획이란 항상 1차 계획이 실행되지 않았을 때를 대비해 2차 계획, 즉 차선책을 세워 놓는 용의주도함이 필요하다.

 '5W 2H'
 계획의 목적(What)을 파악하라.
 계획의 이유(Why)를 인식하라.
 시간(When)의 중요성을 명심하라.
 장소(Where)를 확인하라.
 사람(Who)의 중요성을 인식하라.
 어떻게(How) 실행할 것인지 생각하라.
 비용(How much)을 산출하라.

살아간다는 것은 어쩌면 협상의 연속이다

살아간다는 것은 협상의 연속이라고 볼 수 있다. 당신이 성공적인 삶을 살아가기 위해서는 다른 타인들과의 협상에서 유리한 위치에 당신이 서는 것이다. 그것은 바로 당신의 능력을 키우는 일이다. 능력에는 많은 분야가 있다. 당신의 전문적인 분야에서 능력을 키우는 것은 무엇보다 중요하다. 그러나 당신이 전문적인 분야의 능력만 키운다고 해서 세상에서 성공하는 것은 아니다. 그 능력을 바탕으로 해서 세상과의 협상에서 성공해야 진정한 성공의 길로 접어드는 것이다.

세상은 **변**하고 있다. 새로운 **용**어의 사전을 만들어라

　세상은 변하고 있다. 새로운 용어들이 하루가 멀다 하고 생기고 있다. 새로운 용어들에 대해 당신은 어느 정도 알고 있는가? 어지럽게 범람하는 새로운 용어 중에서 당신이 꼭 알아야 하는 용어들을 정리하고 그 뜻을 적어보자. 새로운 용어란 곧 세상의 흐름이고 새로운 정보와 지식인 것이다. 지금부터라도 새로운 용어에 대한 현재진행형의 용어사전을 만들어보라. 용어의 목록이 늘어나면 늘어날수록 당신의 지적 재산도 늘어나는 것이다.

정보, 좀 더 가치 있게 사용하라

 경쟁이 심화된 현대사회에서 가장 중요한 무기 중의 하나가 바로 정보이다. 정보란 당신이 가지고 있는 지식, 사실, 경험 등 여러 가지 소재를 정리해 다양한 창조 활동에 활용하는 것이다. 인간의 두뇌는 이러한 정보를 수집, 처리가공, 보관해 이를 상호조합, 연관, 대입, 재창조를 통해 활용함으로써 비로소 그 정보를 좀 더 가치 있게 만들 수 있다.
 정보를 잘 분류해 정리해 놓아 필요할 때 쉽게 찾아볼 수 있게 하고 중복된 정보를 수집하는 헛수고를 없애기 위해서도 정보의 정리는 꼭 필요하다.

정보를 최대한 활용하라, 지금 사회는 정보화 사회다

정보를 최대한 활용하라. 정보통신의 발달로 모든 정보를 공유할 수 있는 세계적 차원의 네트워크가 구축되어 있다. 이러한 지식이 지배하는 21세기를 떠받치고 있는 두 기둥은 무엇보다 정보와 시간이라 하겠다. 쓰레기도 모으면 정보가 된다. 또 아무리 좋은 정보라 할지라도 그냥 쌓아두기만 한다면 쓰레기로 변한다. 정보에 대해 과감하게 모으고 다시 과감하게 필요없는 것은 폐기 처분하자. 정보를 가공해 당신에게 필요한 정보를 만드는 방법을 익혀라.

새로운 아이디어는 즉시 메모하라

　에디슨은 메모광이었다. 그렇기에 그는 발명왕이 될 수 있었다. 생각은 순간적인 것, 그 순간을 바로 메모하지 않는다면 금방 잊어버리고 말 것이다. 생각에는 좋은 생각이나 나쁜 생각이 있을 수 있다. 그러나 그 생각들을 메모하지 않는다면 생각한 것 중에 아주 일부만이 우리 머릿속에 남게 될 것이다. 어떤 아이디어나 생각들을 메모한 다음에 바로 그 메모에서 당신은 좋은 아이디어나 생각을 다시 떠올릴 수 있는 것이고, 깊이 생각할 수 있는 것이다.

사람은 누구나 완벽할 수가 없다, 완벽을 추구하지 마라

완벽을 추구하는 사람은 자신을 비하할 수밖에 없다. 사람이라는 존재가 완벽하지 않기에 완벽을 추구하는 사람은 자신이 무슨 일을 하더라도 계속 부족하게만 보일 것이다. 자신이 했지만 마음에 들지 않아 열심히 해보지만 완벽하지 않기에 결국은 그 일을 처리하지 못하고 쩔쩔매게 될 것이다. 그리고 자꾸만 더욱더 완벽함을 추구하지만 완벽하게 될 리 없다. 그렇다고 일을 대충 처리하라는 것이 아니다. 최선을 다하고 실수를 줄이려고 노력하는 데에서 좋은 결과를 가져온다는 말이다. 다만 너무 완벽을 추구하다 보면 도리어 일을 망칠 수가 있다는 것이다.

시간과 기회는 누구도 기다려주지 않는다

 당신의 시간관리의 출발점은 일을 뒤로 미루지 않는 습관에서 시작된다. 일을 뒤로 미루어버렸다는 것은 시간과 기회를 뒤로 미루었다는 것과 마찬가지의 의미인데 시간과 기회는 그 누구도 기다려주지 않는다. 일을 미룬다는 것은 당신의 시간과 기회를 버리는 것과 마찬가지인 것이다. 일을 미루지 않고 당신이 바로 바로 처리하는 습관을 익힌다면 아마도 당신의 바쁜 생활의 와중에서도 여가의 시간은 당신을 방문할 것이다.

당신에게 시간이란 무엇인가

삶의 계획을 마련했다면 당연히 시간에 대한 계획도 마련해야 한다. 삶이라는 것은 당신에게 주어진 시간들이 모여져 만들어지는 것이기에 삶의 계획이라는 것은 어쩌면 시간에 대한 계획의 다른 말인 것이다. 삶과 시간에 대한 계획이 수립되었다면 앞을 향해 전진하라.

당신의 시간을 소중하게 생각하라

 성공하고 행복한 당신을 만드는 것은 오늘이라는 하루의 시간이 성패를 좌우하게 되는 것이다. 과거의 시간도 미래의 시간도 당신에게 있지만 당신이 살 수 있는 시간은 오늘이라는 시간밖에는 없다. 오늘이야말로 당신에게 주어진 가장 중요한 시간이기에 결국 오늘이라는 하루의 시간이 당신의 삶을 결정하게 될 것이다.

사소한 시간의 일부, 그것이 당신의 삶을 만들어간다

 살면서 당신이 범하기 쉬운 과오는 일상생활에서 정말 중요하지만 사소하다고 무시해 버리는 것들이 너무 많다는 것이다. 그런 사소한 것들이 바로 당신의 미래를 결정하는 아주 중요한 것들이 포함되어 있음에도 불구하고, 당신은 무시해 버리기 쉽다. 시간도 그중에 하나인 것이다.

귀중한 시간을 잘 활용하면
두 배의 인생을 살아갈 수 있다

　귀중한 시간을 잘 활용하면 당신은 두 배의 인생을 살아갈 수 있다. 당신에게 한 번 지나간 시간은 아무리 노력을 해도 다시 되돌릴 수는 없는 법이다. 삶을 연습처럼 대하지 말자. 삶에는 연습이란 없는 것이다. 늘 실전만이 있는 것이다. 당신의 삶을 늘 연습이 아닌 실전이라는 생각으로 대하라.

계획을 세우는 데 있어
시간의 중요성을 명심하라

당신의 삶에 있어서 어떤 계획을 세울 때에는 시간의 중요성을 명심하라. 당신이 언제 그 계획을 시작해서 당신이 그 계획을 언제 완료해야 하는가를 명심해야 한다. 시간의 중요성을 간과한 계획이란 거의 실현 불가능한 것이나 마찬가지인 것이다.

당신이 값진 삶을 살기 위해서는

 인생 항로의 나침반을 놓고 구체적인 방향을 잡으며 살아가는 사람이 발전하고 성공하는 삶을 가져오는 것이다. 당신의 삶은 당신의 판단과 당신의 선택에 의해 만들어진다는 것을 잊어서는 안 된다. 이제 당신에게 주어진 시간을 어떻게 활용할 것인가 하는 계획을 세우자. 그리고 그 계획대로 실천하자.

성공을 결정하는 황금시간, 새벽시간을 활용하라

 각각의 삶들은 경쟁하고 경쟁은 시간을 어떻게 사용하느냐에 따라 승부가 나게 마련이다. 특히 새벽이라는 시간을 어떻게 활용하느냐에 따라 개인들의 큰 차이가 생겨난다. 만약 새벽시간을 당신이 활용할 수 있다면 모두가 잠자고 있는 시간을 값지게 쓰고 있다는 것에 대해 당신은 자부심과 긍지가 생기고 그것은 당신의 자신감으로 바꿔질 것이다.

곧바로 시행하라

 당신과 우리들의 가장 큰병은 어떤 일이 생겼을 때 그 일을 뒤로 미루는 병이다. 만약 당신의 집에 화재가 발생했는데 불끄기를 당신이 뒤로 미룬다면 당신의 집은 어떻게 될 것인가? 당신에게 어떤 일이 발생했을 때는 곧바로 행동으로 옮겨라. 행동으로 옮긴 다음 생각을 해도 늦지 않다. 당신에게 어떤 일이 생겼다면 곧바로 시행하라.

차 안에서의 시간 활용이 당신의 성공을 앞당긴다

도시에서 자동차는 계속해서 증가하고 도로는 자동차가 증가하는 만큼 증가할 수 없기에 직장인들의 출퇴근 시간이 갈수록 점점 길어지고 있다.

당신이 차 안에서 자신에게 필요한 학습과 간단한 운동, 때로는 명상까지 하다 보면 당신은 어느새 목적지까지 와 있는 것을 발견하게 되고 차 안에서 얻은 당신의 지식과 지혜, 그리고 건강은 당신 삶의 내일을 열어주는 훌륭한 도구가 되어 있을 것이다.

자투리도 모아지면
엄청나게 크게 된다

 살아가는 동안 어떤 일과 어떤 일 사이에는 많은 자투리 시간이 있다. 그런데도 당신은 그 시간이 너무나 값진 시간이라는 것을 모르고 지나간다. 그냥 개념도 없이 그 시간들을 버리고 있다. 자투리도 모아지면 엄청나게 큰 것이 되는 것이다.

 이런 자투리 시간들을 아무런 생각 없이 그냥 소모한다면 당신의 삶에 큰 손실인 것은 말할 나위가 없다. 당신이 돈을 낭비하는 것은 당신이 언젠가는 회복할 수 있지만 당신이 낭비하는 시간은 한 번 지나가면 당신에게 영원히 다시는 돌아올 수 없는 것이다.

당신이 하나의 일을 하지만
그 일의 결과를 다 수확하라

 당신이 조그만 노력을 기울이고 현명하게 일을 처리한다면 한 가지 일을 하더라도 동시에 다수확의 결과를 가져올 수 있는 것이다. 이런 다수확의 결과를 가져올 수 있다면 남이 하나를 이룩할 때 당신은 2개, 3개…… 그 이상의 결과를 가져올 수 있는 것이다.

성공과 행복을 원한다면, 바쁘더라도 여가 시간을 만들라

무조건적인 경쟁의 세상, 그러나 이런 세상일수록 당신 삶의 여유를 가져라. 세상은 점점 각박해지고 있다. 무조건적인 경쟁과 무자비한 자기에 대한 혹사가 지금 이 사회를 휩쓸고 있다. 그러나 삶의 이런 태도는 당신에게 좋은 결과를 가져오지 못할 뿐더러 당신을 파멸로 인도하는 요인이 될 수도 있는 것이다. 이제 삶의 여유를 가질 수 있는 시간을 가져라. 여유란 노는 것이 아니다. 다시 세상에서 출발하기 위해 당신을 돌아보는 것이다.

여가를 자기 개선의 시간으로 활용하라

여가 시간은 그냥 보내는 시간이 아니라 자기 개선에 필요한 시간이라는 사실을 당신은 자각하라. 특강을 택하거나, 독서를 하든가, 종사하는 최근의 업계 정세를 파악하든가 많은 방법 중에서 당신을 개선시키는 여가 활용법을 다시 생각해 보라.

귀중한 여가 시간을 어떻게 활용하는 것에 따라 현재의 충실한 삶, 그리고 내일의 보다 풍부한 삶에 대한 꿈을 실현할 수 있는 것이다.

자기 계발에 투자하라, 갈림길은 당신이 만들고 있다

 자기에게 주어진 여가 시간을 어떻게 사용하고 있는가가 문제인 것이다. 그 중요한 시간들을 어떻게 자기 개선에 활용했느냐가 미래의 당신 성공과 행복의 갈림길을 만드는 것이다.
 여가 시간을 그냥 노는 시간으로만 보낸다면 당신의 성공과 발전을 기저오기 어렵다. 여가란 일과 놀이가 결합되어 있어야 한다. 여가란 바로 자기를 업그레이드할 수 있는 시간인 것이다.

다양한 분야로 관심을 넓혀라

 당신은 좀 더 다양한 분야로 관심을 넓혀라. 당신이 세상에 대해 관심을 넓히면 넓힐수록 당신의 생활에서 풍요로움은 더욱 커질 것이다. 모든 시간을 일에 빼앗기고 당신의 심신을 단지 일만을 위해 소모시켜버리는 것은 당신의 생을 일의 노예로 만들어버리는 것이다. 그렇게 일한다고 해서 일의 능률은 향상되지 않는다. 기계도 너무 무리하면 고장을 일으킨다. 하물며 사람이란 적당한 휴식과 일에서 오는 스트레스를 해소해야만 일의 능률이 올라가는 것이다. 그렇기에 당신의 관심 분야를 찾고 그 관심 분야를 넓혀 나가는 것은 당신의 취미를 가꾸는 것은 물론 당신을 가꾸어 나가는 길이다.

오늘 내일을, 그리고 먼 훗날을 생각하라

 현재의 시간을 최대한 활용하라. 성공한 사람은 자기에게 주어졌던 과거의 시간을 얼마나 잘 활용해서 자기 개발에 충실했는가를 오늘에 보여주는 것이며, 사람들의 미래는 역시 현재의 시간을 최대한 활용함으로써 자기 개발에 게을리하지 않고 습관, 성격을 좋은 방향으로 개선해 목표를 향해 모든 일에 최선을 다함으로써 그려지는 것이다.

제4장
행복의 눈빛으로 세상을 바라보라

겸손은 그대를
더욱 크게 보이도록 만든다

 당신이 현명하다면 지혜의 폭이 깊어지고 지위가 올라갈수록 자신을 낮추어야 한다. 당신의 마음속에 깃들어 있는 적지 않은 과시욕과 허영심을 과감히 떨쳐버릴 수 있어야 한다. 당신의 능력을 너무 과신해 뜻하지 않은 잘못을 저지르지 말고 있는 그대로 정확하게 파악해 받아들일 수 있어야 한다. 자신의 능력을 과대평가하는 것은 초석도 제대로 다지지 않고 누각을 세우는 것과 같아 과신하면 할수록 붕괴될 위험에 처하게 된다. 그처럼 어리석은 일이 어디에 있겠는가?
 당신도 자신의 능력에 대해 겸손한 태도를 갖춤으로써 자신의 성장에 밑거름으로 삼아야 할 것이다.

욕망의 노예가 되지 않으려면
먼저 책임과 의무를 다해라

 당신의 지혜를 좀 더 활용하고자 한다면 자신의 감정을 통제할 수 있어야 한다. 잡념이나 욕망이 머릿속에 떠오르지 않도록 적절한 자극과 이성으로 이를 통제하고 다스릴 수 있어야 한다. 당신은 당신의 책임과 의무를 다함으로써 한층 더 높은 삶을 영위할 수 있게 된다.

불행에서 벗어나려면
행복의 눈빛으로 세상을 보라

　당신이 현재 불행하다고 느끼고 있다면 마음을 편안히 하고 행복의 눈빛으로 세상을 바라보는 것이다. 그러면 행복하다는 생각이 찾아들게 된다.
　슬픔과 좌절의 구렁텅이에 빠져 있다 하더라도 그곳에서 벗어날 수 있도록 슬픔을 딛고 일어나서 도약을 해야 한다. 잠시 불행에 빠지더라도 결코 당신의 마음까지 빠지는 일은 없도록 해야 한다. 당신의 마음과 눈동자 속에 행복이 깃들어 있으면 불행은 더 이상 불행이 아니고 세상은 환한 빛으로 가득할 것이다.

말은 마음을 비추는 거울, 훌륭한 대화를 나누는 기술을 터득하라

　당신이 만나는 사람들을 설득하는 것이 대인 관계에서 가장 어려운 일이다. 다른 사람을 당신의 뜻대로 움직일 수 있는 설득과 지시의 기술을 터득해야 한다. 단순히 미사여구를 사용해 말을 잘하는 것만으로, 또는 단순히 동정심을 유발시켜서는 그들을 설득할 수 없다. 먼저 많은 것을 알고 그것의 장점과 단점을 파악해야 하며, 다른 사람들이 어떤 것에 관심을 가지고 있는가를 알아야 한다. 그들이 질문했을 때, 막힘없이 조리 있게 대답을 해야 한다. 그렇다고 잘 모르는 것을 아는 체해서는 금방 들통이 나게 된다. 따라서 그들이 관심을 보이는 분야에 대해서는 더욱 더 많은 것을 찾아 자기 것으로 소화시켜 충분히 알았을 때 비로소 설득해야 한다.

고귀한 원칙,
그것은 모든 사람을 공평하게 보는 것이다

 개인 감정을 철저히 배격해 남을 평가하는 일은 결코 쉬운 일이 아니다. 더구나 사견이 개입된 평가가 다른 사람에게 해를 끼치게 된다면 그것은 그 사람의 인생을 변화시킬 수 있는 커다란 죄악이 되는 것이다. 따라서 다른 사람의 인물됨을 자기의 잣대로 평가하려고 하지 말라. 더구나 사람에 따라 다르게 적용하는 잣대를 가지지 말라. 오직 공명정대하게 보고 평가하는 지혜가 필요하다. 제갈공명이 가장 아끼던 마속을 눈물을 흘리며 참형했듯이 외압이나 사견 없이 있는 그대로 공평하게 평가해야 하는 것이다.

※ 읍참마속泣斬馬謖이란 울면서 마속의 목을 벤다는 뜻으로, 기강을 세우기 위해서 또는 대의를 위해서 자기가 아끼는 신하나 부하 장수를 법에 따라 처단함을 이르는 말이다. 촉나라의 제갈공명이 명령을 어기고 패전한 사랑하는 부하인 마속을 법을 어기지 않기 위해 마지못해 울면서 죽였다는 고사에서 유래한다.

훌륭한 계획이라도
그 자체만으로는 아무런 가치가 없다

 아무리 훌륭하고 뛰어난 생각이라도 머릿속에 가지고만 있어서는 아무것도 이룰 수 없는 공상에 지나지 않는다. 그것을 가치 있게 만드는 것은 그 생각을 메모하고 현실화시키는 것이다.

 당신의 일상을 둘러보아라. 무심코 지나쳤던 것을 다시 한 번 둘러보아라. 모든 사람들이 간과하고 혹은 누구나 한 번쯤은 생각했을 그러나 생각 자체, 계획 자체로만 넘겨버린 버려진 보석들에 관심을 가져야 한다. 당신의 생각하는 힘만큼 실천하는 힘 또한 강하다는 것을 잊어서는 안 된다.

위대한 업적은
결코 하루아침에 이루어지지 않는다

　인류의 모든 역사와 문명, 업적은 하루아침에 이루어지지 않았으며, 그 모든 것은 이루어짐과 동시에 끝나는 것이 아니라 아직도 서서히 진행되고 있는 것이다. 조급함으로 결과를 얻고자 하는 것은 모래 위에 누각을 세우는 것과 같아 당장은 완성된 듯하나 그 기초가 연약해 금방이라도 무너질 수 있다. 인내와 여유를 가지고 설계에서부터 완성까지 기초를 튼튼히 하고 정성으로 벽돌을 한 장 한 장 쌓아 올라가야 한다. 그러한 인내심은 지혜를 얻을 수 있는 좋은 방법이며, 성공으로 가는 길을 안내해 주는 인도자이기도 하다.

자기 자신을 파악하라,
그리고 항상 부족한 점을 깨달아라

 당신 자신을 가장 잘 아는 것은 바로 당신이다. 항상 자신을 돌아보고 부족한 것을 채울 수 있도록 노력해야 한다. 무사안일을 지향하고 현재의 자신에 만족하는 것은 결국 자기 도태를 초래하게 되는 누를 범하고 말 것이다. 지금 당장 당신을 냉철하게 판단해 보라.

진지하게 사색하라, 지혜로운 삶으로 가는 첫걸음이다

 사색을 통한 결정은 서둘러 내린 결정에서 오는 실수나 잘못을 막아준다. 또한 뒤를 돌아보는 여유를 주어 당신이 이전에 저지른 실수나 잘못을 찾아낼 수 있어 다시 그런 오류를 범하지 않도록 해주는 힘이 있다. 아무리 급하게 처리해야 할 일이 있더라도 신중하게 사색을 통해 결정하고 행동해야 잘못을 하나라도 줄일 수 있는 것이다. 그런 의미에서 사색할 시간을 갖는다는 것은 지혜로운 삶을 사는 첫걸음이라 할 수 있다.

유리의 광채는
그 연약함을 위장하는 것이다

　세상에 진리는 없다. 시대가 변하고 살아가는 여건이 다르면 그 기준과 가치도 다르게 마련이다. 자신의 거짓을 가리기 위해 능숙한 말솜씨와 예절로 겉을 화려하게 치장한 것들이 너무도 많이 있다. 유리는 조그만한 빛에도 보석처럼 화려한 광채를 내지만 보석이 아니고, 보석은 아무리 강렬한 빛을 받아도 은은한 광채를 낼 뿐이지만 보석으로서 가치를 인정받는다. 이처럼 거짓은 진실을 숨기고 겉으로 드러난 속임수이다.
　이러한 거짓은 어리석은 자들을 속임으로써 환희를 느낀다. 어리석은 자들은 유리의 화려한 광채에 이를 줍지만, 지혜로운 자는 거짓으로 치장된 유리보다 은은한 빛을 발하는 진실된 보석을 줍는다.

행동은 습관으로 변한다

 행동을 취할 때는 긍정적으로 생각하고 적극적으로 임해야 한다. 그러한 행동을 지속적으로 하다 보면 습관으로 정착하게 된다. 아무리 당신이 능력이 있다고 해도 소극적이고 부정적인 생각으로 행동을 하게 되면 결과는 말할 것도 없고, 부정적인 생각이 습관화되어 어떤 일을 해도 자신이 없고 좋지 않은 결과를 먼저 떠올리게 되어 일의 능률을 떨어뜨리게 된다. 하지만 능력이 조금 부족하다고 해도 할 수 있다는 자신감과 좋은 결과를 얻을 수 있다는 긍정적인 생각을 가지고 행동을 취하면 당신의 능력 이상의 결과를 달성하게 된다.
 매사에 긍정적이고 자신감이 넘치는 사람은 다른 사람의 존경을 받게 된다. 좋은 습관이 당신의 인생을 결정짓게 한다.

결정은 항상 깊고 진지하게 하라

어떤 일을 결정해야 한다면 항상 심사숙고하고 관련된 여러 사람들의 의견을 충분히 수렴해 최선의 방법을 택해야 한다. 그렇지 않으면 충동구매를 한 후 후회하듯이, 결정되어 일이 진행될 때 잘못이 발견되어 때늦은 한탄을 하게 된다. '판단은 신중하게, 행동은 빠르게.' 라는 말처럼 시간을 가지고 여러 가지 상황을 점검해 결정을 내리는 것이 바람직하다. 어느 정도 시간을 두고 생각하다 보면 결정하는 데 도움이 될 수 있는 새로운 정보를 얻거나 상황이 유리한 쪽으로 흐르는 경우가 생기게 된다. 미리 결정했다면 이런 경우 다시 일을 시작해야 하거나 되돌릴 수 없는 후회를 하게 된다. 당신에게 결정할 일이 생겼다면 어떻게 할 것인가 생각해 보라.

생각하라,
생각하지 못한다는 것은
얼마나 **부**끄러운 일인가?

사람은 누구나 생각하면서 살아간다. 그러나 그 생각을 어떻게 하느냐에 따라서 그 사람의 삶이 변하게 된다. 머릿속에 잡념이나 욕망을 가득 채우고 살아간다면 아무 생각 없이 사는 것이고 아무것도 이룰 수 없게 된다. 생각을 통해 고정관념을 깨뜨려야 한다.

항상 좋은 쪽으로만 생각을 해라. 안 된다는 생각보다는 된다라는 생각을, 소극적인 생각보다는 적극적인 생각을 해야 한다. 그러면 당신의 인생은 불행에서 행복으로 바뀌게 된다.

삶에서 깨어나라

 삶을 살아가면서 성공에 너무 집착하지 말아야 한다. 성공이라는 이름으로 당신 자신의 모든 것을 뒤로 하고 오로지 그쪽으로 매진하게 되면 진정한 성공을 얻기도 힘들거니와 성공의 노예가 되어버린다. 강박 관념에서 벗어나 진정한 자유인으로서 삶을 살아야 한다. 누구를 위한 성공인가를 생각해 보라. 당신의 삶 자체를 소홀히 한다면 성공을 한 후에도 그것은 절반의 성공에 지나지 않는다. 성공을 위해 삶을 어떻게 살아야 할 것인가를 생각하기 전에 어떤 삶을 살면서 성공할 것인가를 먼저 생각해야 한다.

건강한 생각은
건강한 행동을 유발한다

 당신이 행복한 삶을 누리려면 건강을 지켜야 한다. 건강한 육체를 지니고도 건강한 정신을 가지고 있지 못하다면 소극적이거나 부정적인 행동이 나올 것이며, 건강한 정신을 지니고도 건강한 육체를 가지고 있지 못하다면 생각은 올바르나 모든 것이 귀찮아져 생각한 대로 행동하지 못하게 된다. 따라서 건강한 정신을 가지고 건강한 육체를 유지해야 한다.

성공에 대한
체계적인 전략과 전술을 가지고 노력하라

어떤 일이든 세상에서 그냥 이루어지는 일은 없다. 당신의 생각과 노력에 따라 결과가 나타나는 것이다. 성공에 대한 성패도 당신에게 달려 있는 것이다. 성공은 당신에게 그냥 다가오는 것이 아니다. 당신이 평소에 성공에 대한 씨를 뿌리고 노력을 해야만 다가오는 것이다. 성공에 대한 체계적인 전략과 전술을 가지고 성공을 향해 꾸준히 노력하는 자에게만 성공의 문은 결국 열리게 되는 것이다.

희망을 가짐과 동시에 당신의 목표를 정하라

 희망을 가짐과 동시에 자신의 목표를 정해야 한다. 성공을 바란다면 인생의 목표를 정하고 그것을 향해 나아가야 한다. 구체적인 목표가 있어야 그 목표를 이루기 위한 구체적인 방법이 생기는 것이다. 그리고 자신의 목표에 비추어 자신의 일을 결정하라. 목표를 달성하기 위한 능력을 키우며 자신이 목표를 달성할 수 있다는 자신감을 가져라. 능력과 자신감을 갖추는 사람에게 성공의 문은 열린다.

잠자고 있는 당신의 잠재의식을 활동하게 하라

 마음을 열어 놓고 영혼의 창고를 풍부하게 하라. 그리하여 당신이 부딪히고 있는 어떤 문제를 해결하는 데 있어 당신 영혼의 창고에서 잠자고 있는 잠재의식을 활용해 문제를 해결함은 물론, 잠자고 있는 잠재의식으로부터 창조적인 아이디어를 끌어낼 수 있다.

먼저, 당신의 희망을 크게 가져라

먼저, 자신의 희망을 크게 가져야 한다. 현재 처한 자신의 상황을 그대로 받아들이지 말고 자신의 희망을 높게, 크게 잡아라. 자신 스스로가 성공 가능성을 평가해 자신이 생각하는 것보다도 더 높은 곳에 희망을 두어라. 희망을 크게 하고 실천은 자신이 할 수 있는 작은 것에서부터 시작하는 것이 성공의 가능성을 크게 하는 것이다. 그리고 미래의 희망은 오늘 현재의 삶을 자신이 어떻게 사느냐에 따라 결과가 나타나는 것, 그렇기에 오늘 당신의 일에 대해 주의를 집중해라.

당신이 자신의 성공을 의심하지 않고, 자신의 희망을 향해 길을 떠난다면 머지않아 성공의 문은 열리게 될 것이다.

당신이 어떤 일을 하건
프로 의식으로 무장하라

  당신이 어떤 정신과 자세를 갖고 일을 하는가에 따라 당신과 당신 주변의 발전이 결정되는 것이다. 일에 대한 철저한 책임감과 긍정적인 사고방식, 그리고 자신을 끊임없이 발전시키고자 하는 프로 의식을 지니고 있다면 그것들은 삶을 풍요롭게 만들어줄 것이며 당신이 속한 조직도 발전시킬 것이다. 그리고 자기 발전과 변화를 위해 끊임없이 노력하고 공부하라. 당신의 이러한 실천은 발전과 성공을 머지않아 당신에게 가져다줄 것이다.

당신이 어떤 문제를 생각할 때
스토리를 세워 생각하라

어떤 문제를 생각할 때, 스토리를 세워 생각하고 그 문제의 핵심을 찔러라. 그리하여 그 어떤 문제에 대해 기승전결에 따라 모든 사실을 연구하고, 당신의 생각을 결정한 후 그 생각의 결과를 테스트하라.

당신이 타고 있는 배의 선장은 바로 당신이다

 당신이 타고 있는 배의 선장은 바로 당신이다. 당신의 생명과 행복, 그리고 성공이 달려 있는 당신이라는 배를 타인의 손에 맡길 수는 없는 것이다. 당신 마음의 항해사는 바로 당신인 것이다. 당신은 당신의 마음을 조종할 수 있다.

당신의 창의적인 아이디어를 키워 나가라

  늘 참신한 아이디어를 개발하는데 노력하라. 앞으로의 세상은 창의력을 가진 사람들이 성공하는 세상이다. 자기의 창의력을 개발하지 못하고 과거의 방법을 계속해서 답습한다면 그 사람은 정체하게 될 것이고 발전은커녕 점점 더 퇴보하게 될 것이다.

폭넓은 교제가
당신의 성공 기회를 더 많게 해준다

 일을 진행할 때, 상대의 입장에 서서 일을 진행하라. 당신에게 있는 일부 권한을 이양하고 그리고 상대를 기획에 참여시켜라. 그러면 상대를 당신편으로 만들 수 있다. 그리고 당신은 상대의 언행을 선의로 받아들이고 상대를 크게 칭찬하라. 당신이 그런 행동을 함으로써 상대는 당신에게 더 큰것을 돌려준다.

많은 것들이 중요하지만, 특히 중요한 것은 실천이다

 아이디어가 뛰어나고, 기획이 뛰어나고, 돈이 있다 하더라도 만약 당신이 실천력이 없다면 대부분의 좋은 아이디어와 기획은 파도에 휩쓸려 가는 모래성과 같을 것이다.

똑같은 일을 똑같은 시간에 해도, 차이는 왜 나는가

당신이 어떤 일을 함에 있어서 집중력을 발휘할 수 없다면 그 일의 결과는 지지부진하거나 좋은 결과를 가져올 수 없을 것이다. 똑같은 일을 똑같은 시간에 해도 개인마다 왜 차이가 나는 것일까? 그것은 바로 집중력의 차이에서 오는 것이다. 일을 함에 있어서 집중력을 발휘할 수 없다면 아마도 성공과 발전은 기대하기 어려울 것이다.

창의력을 지닌 사람이 되라

 단점을 억지로 숨길 필요는 없다. 좋은 창의적인 아이디어란 당신이 그 단점을 해결하려는 노력에서 생겨나는 것이다. 그리고 아이디어를 얻을 수 있는 장소를 만들 수 있도록 노력하라. 당신의 생각을 집중할 수 있는 곳, 그런 곳을 통해 당신 생각의 집중력을 높여라.
 당신이 이런 노력을 바탕으로 창의력이 있는 사람이 되라. 창의력을 바탕으로 하여 사실을 근거로 한 아이디어를 가질 수 있도록 당신의 능력을 향상시켜라.

당신이 일을 하려 할 때 몇 가지를 생각하라

 어떤 일을 함에 있어서 강력한 목적의식을 가져야 한다. 강렬한 목적의식이 강렬한 실천을 불러오는 것이다.

 일을 함에 있어 실패를 두려워하지 말라. 실패를 두려워한다는 것은 실천을 망설이게 하거나 포기하게 만드는 결과를 가져온다.

 할 수 있다는 강한 자신감을 가지고 일을 실천하라. 자신감은 빠른 결단을 내릴 수 있게 하고 일의 추진을 힘있게 할 수 있는 원동력이 된다.

당신이 지도자가 되려 할 때, 몇 가지를 생각하라

 성공하는 사람이 되기를 원한다면 남을 이끄는 힘을 지녀야 한다. 공과 사를 구별할 줄 아는 사람이 되어야 하고 조직 안에 발생하는 어떤 일에 대해서는 책임감을 갖는 자세를 갖추어야 한다.
 주위에 있는 사람들에게 덕망을 얻지 못하면 성공할 수 없다. 덕망은 사람을 끌어당기는 매력을 가지고 있다. 지도자가 되고 싶다면 먼저 덕망을 쌓아야 한다.
 또한 지도자는 남과 나눌 줄 아는 사람이 되어야 하며, 주어진 상황을 정확히 판단하고 이에 맞추어 일을 추진할 줄 아는 사람이어야 한다.

결국 당신은
성공의 흐름 속에 있을 것이다

밖으로 나가라. 나가서 기회를 잡아라. 집안에 처박혀서 아무런 일도 하지 않는다면 어떠한 기회도 올 수 없는 것이다. 지금 밖으로 나가서 공중에 떠다니고 있는 기회를 당신의 기회로 만들어라. 위기를 회피하지 말라. 기회란 위기와 같이 오는 법, 만약 위기가 당신에게 닥쳤다 해도 그 위치를 정면으로 받아들여라. 당신은 위기를 회피하지 않는다. 평소에 위기에 대비하고 그 위기를 기회로 만들 수 있는 힘을 당신 스스로가 비축하라. 결국 당신은 성공의 흐름 속에 있을 것이다.

당신은 당신이 만들어 나가는 것이다

　다른 사람들의 필요에 봉사할 줄 아는 사람이 되라. 타인의 필요를 채울 수 있도록 당신의 생각을 말하고 상대의 이익을 강조하라. 당신이 타인의 필요를 채워 줄 수 있다면 타인은 당신을 신뢰하게 될 것이다. 당신은 당신이 만들어 나가는 것이다. 이런 사실을 깨닫고 능력을 향상하는데 부단한 노력을 기울여라.

출발, 그리고
당신의 자리에서 다시 출발하라

 지금 다시 출발하라. 자신의 자리에서 멍하니 멈춰 있지는 말라. 그냥 고여 있는 물은 시간이 지나면 어떤 물이든 썩기 마련이다. 자신이 세상에서 멈춰 있다는 것은 바로 퇴보를 의미하는 것이다.
 다시 출발하라. 자신이 서 있는 바로 그 자리에서.

능력이란, 자신을 믿는 것이다

 능력이란 자신 스스로가 자기 자신을 믿는 결과의 산물인 것이다. 그 믿음을 통해 신념이 생겨나고 신념에 따라 노력하고 다시 노력으로 전진하게 된다. 그러다 보면 당신은 세상과 일에 대해 자신감도 생기고 또 능력이 생기게 되는 것이다. 오늘 자신을 믿고 자신 있게 행동하면 당신의 능력은 크게 향상되리라.

문제의식을 가져라, 그 안에 성공이 숨 쉬고 있다

지금의 어떤 현상에 대해 만족한다면 그 현상에 대해 더 이상의 발전이란 있을 수 없는 것이다. 그 현상에 문제의식을 가질 때 그 현상을 발전시킬 수 있는 것이다.

삶의 바다에서 난파당하지 말라, 삶의 설계도를 작성하라

　삶의 설계도를 작성하라. 만약 자신에게 미래에 대한 설계가 없다면 어느 순간 자신에게 시련이 닥쳤을 때 당신은 결국 무기력하게 될 것이다. 그리고 삶의 바다에서 방황만 하다가 좌초하고 말 것이다.

　삶의 설계도를 작성하라. 삶의 설계도를 만들었다면 이세 도착지에 도착하기 위한 구체적인 계획표를 만들어라. 일별, 월별, 연별, 삶의 시간표를 작성하라. 작심삼일일지라도 없는 것보다는 있는 것이 훨씬 낫기에 새로운 계획을 세우고 실천하라.

신념을 세우고 삶의 바다를 항해하라

 신념을 세우고 삶의 바다를 항해하라. 세상을 살면서 신념을 가져라. 이 세상을 사는 대부분의 사람들은 신념과 더불어 젊어지고 두려움과 더불어 늙어가는 존재다. 신념은 사람을 강하게 만들고 두려움이나 의심은 반대로 사람의 활력을 마비시키고 사람을 늙게 만든다. 자신의 신념을 믿는다면 틀림없이 발전할 것이다. 그러나 신념이 없이 삶을 사는 것은 항로도 없이 바다로 나가는 배처럼 암초를 만나 난파하게 되는 것과 같다.

삶을 장기적인 안목에서 바라보라

삶을 장기적인 안목에서 바라보라. 단기적으로만 보고 너무 조급해 하지 말라. 자신이 지금 남보다 조금 뒤떨어져 있다고 해서 실망할 필요는 없다. 자신 스스로가 목표를 세우고 그 길을 꾸준히 걷다보면 목표는 이루어진다. 결국 삶이란 짧은 기간에 승부를 내는 100미터 단거리 경주가 아니라 긴 시간에 걸쳐서 승부를 내는 마라톤이다.

기획이란, 그 일을 사랑하는 당신의 마음이다

 기획이란 당신이 어떤 일을 함에 있어서 그 일을 사랑하는 마음이다. 당신은 이 사실을 깨달아야 한다. 결국 당신에 대한 자신감과 일에 대한 집착력이 좋은 기획을 낳게 되는 것이다.
 기획력을 향상시키기 위해 평소에 노력하고 늘 참신한 기획을 세우기 위해 노력하는 자세를 습관화하라.

남이 **발**견하지 **못**하는 그것, **관**찰력을 길러라

　세상을 보는 힘, 당신의 관찰력을 길러라. 관찰력이 뛰어나거나 세상의 사물을 유심히 보는 사람들에게 성공의 기회가 다른 사람들보다는 많이 찾아오는 법이다. 바로 이 세상에 존재하는 사물이나 사람들에게서 발전과 성공의 열쇠가 있는 것이다.

당신이 하는 일이
바로 자기 자신이다

 당신이 하고 있는 일이 바로 자신이다. 자신이 해야 할 일들에 대해 정리해 보아라. 자신의 일은 그 누구도 대신해 주지 않고 해줄 수도 없는 것이다. 삶을 자신의 뜻대로 살기 위해서 해야 될 일들이 무엇이며 그 일을 이루기 위해 자신은 어떻게 할 것인가에 대해 생각하라.

 그리고 스스로 정리해 보자. 당신이 해야 할 일 중에서 지금 바로 해야 할 일, 5년 안에 해야 할 일, 10년 안에 해야 할 일, 평생을 두고 해야 할 일에 대해 정리해 보자.

남의 성공을 무작정 추종하지 마라, 당신에게 필요한 성공 요인은?

 지금 당신을 성공으로 이끌 요인은 무엇인지 정리해 보자. 그리고 당신이 가지고 있는 것을 적어보고, 부족한 것을 체크해 보자. 이런 과정을 거친다면 당신이 가진 성공의 무기와 당신에게 부족한 성공 요인이 무엇이지 알 수 있게 될 것이다.

삶은 이제부터 시작이다, 앞으로 나아가라

지나간 일에 대한 후회도 미래에 대한 두려움도 버려라. 당신에게 주어진 시간이란 오늘밖에 없는 것이다. 스스로가 더 즐겁고 더 활기차게 오늘을 산다면 당신의 진정한 삶은 오늘부터 시작되리라.

당신의 삶은 이제부터 시작이다. 앞으로 나아가는 것을 방해하는 과거의 후회와 불안도, 오늘의 긴장도, 내일의 두려움도 버려라. 오직 오늘 현명한 머리와 평화로운 마음으로 당신의 문제들을 이해하고 해결해 나아가라.

세상의 변화에 눈을 떠라,
세상은 지금도 변하고 있다

 눈을 떠라. 지금 변화하는 세상을 정확하게 볼 수 있는 눈을 떠라.
 눈을 떠라. 지금 세상에서 벌어지고 있는 변화는 중요한 정보다. 정보를 찾을 수 있는 눈을 떠라.

후회보다는 반성을 통해
내일을 계획하라

 후회보다는 자기 반성과 자기 검토를 하라. 그리하여 삶을 살아가는 데 있어 힘쓰고 노력하라. 하루에 한 번쯤은 엄숙한 마음으로 진지한 자기 반성과 자기 검토의 시간을 가진다면 삶은 발전을 위한 큰걸음을 내딛게 될 것이다.

 후회보다는 반성을 통해 내일을 계획하라. 당신은 지금도 후회를 하고 있는가? 후회라는 것은 되도록 하지 않는 것이 좋다. 후회보다는 반성을 통해 내일을 설계할 수 있는 것이 세상을 사는 데 훨씬 유익한 일이다.

실패를 두려워하지 마라

 실패를 두려워하지 마라. 당신이 아무것도 하지 않고 삶을 실패하느니 차라리 이것저것 도전해 보고 실패도 해 보고, 그 실패를 바탕으로 성공도 해보는 그런 사람이 되기를 바란다.
 오늘, 실패를 걱정하지 말고 다시 세상에 도전하라.

실패했다고 절망하지 말라, 실패도 값진 경험이다

 실패했다고 절망하지 말라. 실패를 중요하게 생각하는 것은 물론 하나의 자산으로서 당신의 실패 사례를 분석하고 관리하라. 실패를 분석하고 관리하면 그 안에서 성공과 발전의 실마리를 찾을 수 있고 같은 실패를 반복하지 않을 수 있다.

인내하라, 인내의 열매는 달다

 지금 당장에 이루어지지 않는다고 포기한다면 그 일은 절대 이룰 수 없다.
 인내하라. 인내의 열매는 달다. 뜻한 일을 이루기 위해서는 여러 난관에 부딪히게 된다. 그러나 인내심을 가지고 그 어떤 일이라도 차근차근 해 나가면 언젠가는 원하는 것을 이룰 수 있으리라.

시련으로부터 도망치지 마라

 시련으로부터 도망치지 마라. 당신에게 시련이 닥쳤을 때 당신은 그 시련을 기꺼이 받아들여야 한다. 받아들이지 않고 도피만 한다면 그 어떤 일도 해결할 수 없고 이루어질 수 없다. 당신이 시련을 받아들여 그 시련을 극복할 때에만 삶의 열매가 열리는 것이고 당신의 삶에 의미가 생겨나는 것이다. 차이코프스키가 비극적 결혼 때문에 자살 직전까지 가지 않고 행복한 생활을 했다면 그 유명한 교향곡 <비창>은 이 세상에 나올 수 없었을 것이고, 톨스토이나 도스토예프스키가 고난의 생애를 살지 않고 행복한 가정을 꾸미고 자기 삶에 안주했다면 그들은 결코 인류사에 남을 만한 뛰어난 소설을 쓰지 못했을 것이다. 또 《실낙원》을 쓴 밀턴은 장님이었기 때문에 일반 사람보다 더 아름다운 시를 쓸 수 있었고, 베토벤은 귀머거리

였기 때문에 그렇게 뛰어난 작곡을 할 수 있었던 것이다. 그들은 자기에게 닥친 시련을 적극 받아들이고 그 시련을 극복한 사람들이다.

찾아보라,
평생에 걸쳐서 즐겨할 수 있는 당신의 일을

 자신이 가장 행복한 삶을 꾸리는 것은 자신이 평생 즐기면서 할 수 있는 일과 자신이 평생 온몸을 내던져 매달려 일할 수 있는 자신에게 의미 있는 일을 찾아내어 그 일은 하는 것이리라. 늦지 않았다. 지금이라도 찾아보라.

뜻을 세우고 실천하라

 뜻을 세우고 실천하라. 큰뜻을 세우고 실천 가능한 것들부터 실천해 나간다면 그 뜻은 이루어진다. 오늘 뜻을 세우고 실천할 수 있는 작은 것부터 일을 시작하라.

 뜻을 세우고 실천하라. 뜻을 세우고 실천해 나아가는 데 있어 그 단계마다 원래의 뜻을 확인하고 잊지 말라. 원래의 뜻이 어느 순간 변질되어 원하던 목표는 상실하고 목표를 이루기 위한 수단이 목표가 되어 당신의 삶을 망치고 있는 것이 아닌지 확인하라.

오늘, 앞을 향해 나아가라

 당신의 능력이 뛰어나고 지식이 많다고 해도, 그것을 믿고 제자리에 머문다면 그것은 곧 퇴보이다. 당신이 멈춰 있을 때 다른 사람은 멈춰 있지 않고 이 세상도 멈춰 있지 않는다.
 오늘, 앞을 향해 나아가라. 당신이 지금 멈춰 있다면 그것은 바로 당신의 퇴보를 의미한다.

목표에 도달하기 위해 한계를 극복하라

 자신이 세운 삶의 목표는 자신의 삶을 결정하는 것이다. 목표를 세웠다면 그 목표에 도달하기 위해 열정을 불태우고 한계를 극복하라. 그런 노력이 없다면 목표에 도달할 수 없는 것이다. 이런 과정은 자신을 더욱 강하게 만들어줄 것이다.

하나에서 먼저 성공하라, 그러면 다른 것에서도 성공한다

　대부분의 사람들은 한꺼번에 많은 성공을 바라지만 여러 마리의 토끼를 한꺼번에 쫓는다면 다 놓칠 가능성이 높은 것이다. 먼저 하나에서 성공하는 것이 중요하다. 성공의 시너지 효과를 활용하면 둘, 셋의 성공은 하나의 성공보다는 쉽게 이루어질 수 있다.

퇴화된 날개로는 하늘을 날지 못한다

 퇴화된 날개로는 하늘을 날지 못한다. 당신이 이 세상을 살아가면서 무수히 많은 실패를 경험한다 할지라도 당신은 비상하기 위한 연습을 계속해야 한다. 그래야만 당신에게 날 수 있는 기회가 왔을 때 비로소 날 수 있는 것이다.

 남의 위치만 부러워할 것이 아니라 당시이 당신의 삶에 대한 준비를 꾸준하게 하는 것이 무엇보다도 중요하다.

제5장
매사에 감사하라

맹목적으로 사람을 믿지 말라, 상황에 따라 사람은 변한다

 늘 상황이 변함에 따라 상대방이 변할 수 있다는 것을 인식해 맹목적으로 사람을 믿지 마라. 만약 신뢰를 가졌던 사람이 당신의 생각과는 다른 행동을 했을 때 그 사람이 그런 행동을 보이게 된 상황에 주목해 그 사람을 이해하는 것이 그 사람을 알 수 있는 길이고 배신감으로 자신을 상하지 않게 하는 길이다.

지금 시도하라, 망설이지 말고 일단 일을 벌여라

　당신이 일을 진행하다 보면 그 일이 될 수도 있고 안 될 수도 있다. 어떤 상황에서든 그 상황에 적극적으로 대처할 수 있는 능동적인 사람이 되는 것이 일의 성패를 좌우하는 큰 요소가 된다. 너무 치밀하게 준비와 계획을 세우려고 하는 것은 어쩌면 그 일을 시도도 해보지 못하고 그냥 두는 결과를 가져올 수 있다. 완벽한 계획을 세웠다고는 하나 그 일을 해 나감에 있어서 결국에는 계획의 일부 수정을 가져올 수밖에 없는 것이다. 망설이지 말고 지금 실천하라. 그리고 앞으로 전진하라.

약점을 숨기지 마라, 약점을 보완해 나갈 대비책을 마련하라

당신에게만 약점이 있는 것이 아니다. 누구에게나 다 약점은 있는 법이다. 대부분의 성공한 사람들의 공통점들을 보면 자신의 장점을 살린 것은 물론 자신의 약점을 잘 활용한 사람들이다. 어쩌면 당신이 가지고 있는 장점은 당신이 어떻게 하지 않고 가만히 내버려두어도 그 역할을 충분히 할 수 있게 되어 있다. 많은 성공 사례들을 살펴보면 약점을 어떻게 활용하느냐에 따라 그 일의 성패가 결정되는 것을 볼 수 있다.

틀을 깨라, 그리고 창의적으로 일하라

 절대적인 진리란 없다. 당신이 어떤 정형화된 틀에 사로잡혀서 그 틀을 깨지 못한다면 당신에게 있어 창의적인 일은 기대하기가 어렵다. 모든 원리원칙이란 결국 변하는 것이다. 당신이 일을 함에 있어서 원리원칙을 맹목적으로 추종하지 마라.

기다릴 줄도 알아라, 급하면 급할수록 여유가 필요하다

당신이 어떤 일을 함에 있어서 불가항력적으로 막히다면 기다려야 한다. 어차피 기다려야 하는데 조바심을 내고 걱정하고 불안해 한다고 그 일이 해결되겠는가? 기다려야 한다면 기다려야 한다. 편하고 여유롭게 기다릴 수 있는 방법을 당신 자신이 터득해야 한다.

급하면 급할수록 여유를 가져라.

무조건적으로 열심히 일하지 마라, 최대한의 능률을 고려하라

누군가 당신에게 말한다. 무조건 열심히 일을 하다 보면 당신은 성공한다고. 하지만 이 말은 당신의 적성이나 능률, 그 밖의 것들을 무시해 버린 기계와 같은 존재로 만들어버리는 말이다. 어떤 것이든, 어떤 일이든 적당한 것이 좋은 것이다. 당연히 일도 자신의 상황에 맞게 적당히 하는 게 가장 좋은 것이다.

지위에 연연하지 마라, 능력이 있다면 지위는 따라온다

지위를 얻으려 하기보다는 당신의 능력을 개발하는 데 시간을 투자하라. 대부분의 사람들이 지위에 연연해 더 높은 지위에 오르기 위해 많은 것들을 희생하고 있는 현실이다. 그러나 그보다는 자신의 능력을 개발해 당신이 그 어떤 자리에 있든 자신의 일을 잘 처리할 수 있는 사람이 되는 것이 현명하다.

당신이 발전과 행복에 이르는 길은 거창하지도 어렵지도 않다

'자신감, 낙천성, 외향성, 자기조절 능력'을 발전과 행복을 얻는 사람들의 특징이라고 말한다. 그 가운데 특히 자신감은 계속해서 생각하고 활동하며 참여하는 쪽으로 자신을 계발할 때 이루어지는 결과다. 따라서 당신이 세상에 대해 호기심을 갖고 흥분과 불안을 느끼는 일을 하는 것도 당신에게 있어 발전과 행복을 가져오는 하나의 방법일 것이다.

성공하고 행복하려거든
다른 사람들과 교제를 넓게 하라

성공하고 행복한 삶을 살기 위해 버려야 할 것은 무엇인가. 아마도 당신 마음속의 걱정, 증오, 공포, 불평, 원망 같은 것들을 버려야 한다. 사람들은 간절히 기대하고 바라던 일이 좌절되면 곧 불행을 느끼고 부정적으로 되고 마는데, 이때 주위의 성공하고 행복한 사람들과 가까이 하라. 성공과 행복은 전염성이 강하므로, 열심히 살면서 자기 삶에 만족하는 이들의 모습을 보는 것만으로도 당신의 기분이 좋아질 것이다.

자신이 고통을 부정한다고 해서
행복해지는 것은 아니다

● ● ●
● ● ●

 사람이라면 어느 누구도 고통 없는 삶을 살 수 없다. 고통을 부정한다고 해서 당신이 행복해지는 것은 아니라는 것을 깨달아야 한다. 그리고 행복한 사람이란 바로 고통을 받아들이고 그것을 이겨내는 사람이라는 사실을 깨달아야 한다.

일상을 벗어나 자연의 품을 찾아 떠나는 것도 행복을 준다

여건이 허락한다면 여행을 떠나라. 그리고 그 여행 속에서 당신의 우울증과 스트레스를 날려보내고 새로운 삶을 준비할 수 있도록 삶을 재충전시킨다. 반복되고 힘든 일상을 벗어나 당신이 자연의 품을 찾아 떠나는 것도 행복을 주는 일이다.

행복의 무게중심을 당신과 관계를 맺고 있는 다른 사람에게 두어라

우정은 그 중심이 자신이 아니라 자신과 관계를 맺고 있는 친구에게 있을 때 더 가치가 있고, 가족이 행복할 때는 그 행복이 자신보다는 남편이나 아내, 그리고 자식이나 어른에게 있을 때가 더 행복한 것이다. 자신만의 행복을 추구하면 결국 주위 사람들을 희생시킬 것이고 주위의 사람들이 불행해질 것이다. 그 불행은 다시 당신에게 쉽게 전염되어 당신을 불행하게 만들 것이다.

당신의 **태**도란,
당신의 마음과 몸이 **밖**으로 드러나는 것이다

세상을 살아가면서 각자 갖는 태도는 중요하다. 태도란 마음과 몸이 밖으로 드러나는 것이다. 자신을 숨기려고 해도 태도에서 몸과 마음이 나타날 것이다. 건강한 마음과 건강한 몸에서 좋은 태도가 나타날 수 있고 자신감을 지닌 태도를 가질 수 있는 것이다.

가장 중요한 것은
자신의 의지와 자세다

　오늘 성공과 행복으로 이르는 길에서 당신의 의지와 자세를 다시 가다듬어라. 성공과 행복을 가져오는 요소 중 당신에게 가장 중요한 것은 자신의 의지와 자세다.

어려움에 처했어도 유머를 잃지 마라

 어떠한 어려움에 처했어도 유머를 잃지 않는다면 그 역경을 헤쳐 나갈 수 있으리라. 유머란 창조적인 에너지를 더욱 증폭시켜 주고, 우울함과 슬픔들을 날려버려 당신의 마음을 기쁘게 해주는 힘을 가지고 있다.

당신은 운명적으로 고독할 수밖에 없는 존재다

　살다 보면 사람은 늘 고독할 수밖에 없다. 이 세상에 당신과 똑같은 사람은 아무도 없기 때문에 사람은 운명적으로 고독할 수밖에 없는 존재다. 그렇기 때문에 오늘 당신의 고독을 즐길 수 있는 사람이 되라. 당신에게 주어진 고독이야말로 당신을 당신답게 만드는 창조적인 힘이라는 것을 자각하라. 만약 고독이 없다면 당신은 타인과 구별되는 것이 없을지도 모른다. 고독은 바로 당신을 만들어가는 하나의 삶의 과정인 것이다.

자랑을 하지 않아도 빛나는 사람이 되어라

자랑을 하지 않아도 빛나는 사람이 되기 위해 노력하라. 당신이 제대로 된 인격을 갖추고 또 능력을 갖춘다면 자기 자랑을 하지 않아도 타인들이 알아서 인정해 준다. 자기 자랑을 하지 않아도 빛날 수 있는 사람이 되는 것이 중요하다.

일을 억지로 하는 마음자세는 버려라

당신의 노력이 자연스럽게 이루어지게 해야 한다. 일을 함에 있어서 노력은 하지만 당신의 내면에서 억지로 하고 있다는 신호가 오거나 타인에게 억지로 일을 하는 듯한 인상을 준다면 지금 하고 있는 일에 대해 점검하라. 만약 그런 마음이나 인상이 있다면 당신의 노력이란 어떤 외부적인 요인이나 힘에 의해 억지로 끌려 다니면서 일하고 있다는 방증이다. 당신의 그런 노력의 결과는 미미할 것이다. 오늘, 일을 억지로 하는 것과 같은 마음자세는 버려라.

통찰력을 가질 수 있다면, 일의 대부분을 해결할 수 있다

 어떤 일을 함에 있어서 그 일의 본질을 꿰뚫어볼 수 있는 통찰력을 가질 수 있다면 그 일의 대부분을 성공적으로 마무리할 수 있는 것이다.
 그 통찰력을 바탕으로 당신의 직감을 개발하는 훈련을 하라. 전문가라고 하는 것은 통찰력을 바탕으로 직감을 얻은 사람을 일컫는 말이다.

좋은 인상을 갖기 위해 노력하라

좋은 인상을 갖기 위해 노력하라. 타인에게 늘 산뜻한 느낌을 주는 것이 좋다. 당신에 대한 느낌을 타인에게 좋게 함으로써 타인의 기쁨과 신뢰를 끌어낼 수 있다. 그리고 당신이 그렇게 함으로써 자신감과 활력이 넘쳐나는 생활을 할 수 있다. 자신을 관리하지 못하는 사람은 남을 관리할 수 없는 법이다.

인간관계에 있어
유연성을 지니도록 노력하라

인간관계에 있어 우연성을 지니도록 노력하라. 당신에게 어떤 일이 있을 때 본질에 대해서는 엄격하되, 그 인간관계는 유연하게 대처해야 한다. 당신이 일을 함에 있어서 어떤 문제가 생겼을 때 상대방이 아닌, 그 일과 대립하고 있다는 사실을 깨달아라.

감사하라, 당신이 이 세상에 **존**재함에 대해 감사하라

감사하라, 당신이 주변 사람들을 위해 아주 작은 일이나마 했던 것에 대해서, 그리고 그들의 마음을 따뜻하게 해줄 수 있었던 당신의 상황에 감사하라.

감사하라, 당신이 오늘 온전히 당신이 의도했던 대로 살지는 못했어도 오늘을 무사히 마치고 또다시 내일을 준비할 수 있는 저녁을 맞았다는 것에 대해서 감사하라.

감사하라, 당신이 오늘 조금은 나태하게 살았지만 그럼에도 불구하고 태양은 내일 다시 당신 앞에 떠오를 것에 대해서 감사하라.

감사하라, 당신이 오늘 비록 당신의 기회를 허둥대다가 놓쳐버렸지만 내일 또다시 당신에게 또 다른 기회가 찾아올 것에 대해 감사하라.

이 아침에, 살아 있음을 기쁘게 생각하라

이 아침에 당신이 잠에서 깨었을 때, 당신이 이 세상에 살아 있음을 생각하라. 그리고 당신이 이 세상에 이렇게 살아 있음을 느껴라. 이 아침에 당신의 몸에 새로운 활력과 용기가 넘쳐난다는 것을 느껴라. 아침의 생명력이 당신의 몸으로 흘러 들어왔음을 느껴라. 이 아침에 당신은 너무 많은 것을 바라지 말아라. 단지 저 들녘에서 아침을 맞는 꽃과 나무들처럼 아침의 투명한 공기와 신선함을 즐기다가 그 자리에서 일어나 하루를 시작하라.

삶이 진정 어렵고 힘들 때에는
그 사랑을 기억하라

당신의 삶이 진정 어렵고 힘들 때에는, 당신의 마음 속에는 당신을 살아 있도록 하는 소중한 것이 간직되어 있다는 사실을 기억하라. 그것은 당신에게 힘을 주고 절망의 심연으로부터 꺼내주는 생명력인 것이다.

당신의 삶을 사랑하라. 그리고 삶이 진정 어렵고 힘들 때에는 그 사랑을 기억하라.

삶의 태도를 어떻게 가질 것인가

당신의 자세는 인생의 어떤 요소보다도 중요하다. 삶을 어떻게 살 것인가에 대한 진지한 물음과 삶을 살아가는 자세가 바로 당신의 삶에 있어서 핵심적인 요소다. 오늘 당신에게 확인하라. 오늘도 배우고 또한 계속 성장하고 있는지에 대해, 그리고 당신이 스스로에게 안 된다는 말을 하고 있는지에 대해 확인하라. 당신이 세상을 살아가면서 당신의 인생을 망치지 않기 위해 당신이 삶을 살아가는 자세에 신경을 써야 한다.

사람에게 **단** 한 순간이라도
희망이 없다면 살 수 없다

　인간이 인간다운 것은 아무리 어려워도 희망을 꿈꿀 수 있기 때문이다. 어려운 시기에도 인간은 희망을 꿈꾸었기에 계속해서 어려움을 극복해 올 수 있었던 것이다. 당신이 희망을 꿈꾸고 있다는 것, 그것 자체가 행복이다. 세상이 아무리 어려워도 당신이 희망을 버려서는 안 된다. 사람들에게 밥도 중요하지만 더 중요한 것은 희망이다. 사람들은 희망을 먹고사는 존재들이다.

당신의 분노를
당신의 적으로 생각하라

 분노를 당신의 적으로 생각하라. 분노는 남에게도 해롭지만 분노하고 있는 당신에게는 더욱 큰 해를 끼친다. 분노하고 있는 동안 당신 삶의 에너지는 부정적인 힘으로 변해 삶을 낭비하게 한다. 세상을 살아감에 있어서 분명한 것은 쓸데없는 분노는 당신을 해롭게 하는 적이다.

오해는 당신에게도
타인에게도 해를 주는 것이다

 어떤 오해를 하고 있다면 그 오해를 풀기 위해 최선을 다하라. 오해를 풀기 위해 대화를 시도하라. 그리고 대화를 할 적에는 당신만이 옳다고 우기지는 말아라. 그러면 타인은 오해로 인한 상처에 또 다른 상처까지 받을 수 있기에, 당신이 진정으로 마음을 털어놓고 이해하려고 노력하라. 그렇게 최선을 다한다면 만약 어떤 일이 오해였다면 틀림없이 그 오해는 풀릴 것이다.

당신이 타인을 꾸짖을 때
애정을 가지고 그 일을 실행하라

타인의 실수를 꾸짖을 때 애정을 가지고 꾸짖어라. 그냥 우격다짐이나 힘으로 타인을 제압한다면 그는 마음에 심한 상처를 입을 것이다. 그리고 상대는 상처 입은 마음을 달래기 위해 보복을 준비할 것이다. 상대방이 당신에게 피해를 입혔다 하더라도 용서해 줄 수 있다면 용서를 하는 것이 바람직하다. 만약 당신이 용서를 안하고 상대방에게 보복을 위해 보복을 한다면 그 보복은 또 다른 보복을 낳아 언젠가는 다시 당신이 보복을 당하게 된다.

삶의 산행을 떠나라, 그리고 올라갔다면 내려올 줄도 알아라

많은 사람들이 인생을 산행에 비유한다. 당신이 짚을 나서면 동네의 좁은 골목길도 지나고 평탄한 도로를 지날 것이고 어느덧 산을 만나리라. 작은 언덕도 오르고 또 오솔길도 지나리라. 경사가 급한 험한 길도 만나고 꾸불꾸불한 산길도 걸을 것이다. 그리다 당신은 산의 정상에 오를 것이다. 가장 중요한 것은 오르는 것보다도 내려오는 것이다. 겸허하게 내려오는 마음이 없다면 당신에게 사고의 위험은 증가한다. 삶의 산행도 마찬가지다. 올라가는 것도 중요하지만 다시 내려오는 것도 중요한 것이다. 대부분의 사람들은 올라갈 일만 생각하지 내려올 일은 생각하지 않는다. 하지만 올라가는 것에 노력을 기울이는 것 이상으로 하산하는 것에도 신경을 써야 한다.

비난과 비웃음을 두려워하지 말고
당신의 길을 가라

당신의 길을 가라. 주변에 있는 사람들이 무슨 말을 하든 그 길을 묵묵히 가라. 주변의 비난과 비웃음을 두려워하지 말고 당신의 길을 가라. 당신 운명의 주인은 당신인 것이다. 다른 사람의 충고나 잠언을 받아들이지 말라는 것이 아니라, 당신 삶에 있어서 중요한 결정을 당신이 내리라는 것이다. 그 결정은 삶의 갈림길에서 내린 삶의 선택인 것이다.

이 도시가 아우성칠지라도
자연을 바라보아라

대부분의 사람들은 지금 지옥보다도 더한 고통이 아우성치는 세상에 살고 있다. 당신도 이 아우성치는 세상에서 본성을 잃어버리고, 지금 악한 기운이 가득 찬 세속의 욕망으로 인해 고통스러워하고 있다. 이제 자신을 뒤돌아보아야 한다. 삶의 여유를 되찾고 생명의 근원인 자연을 바라보아야 한다. 그리하여 마음을 정화시킬 수 있도록 당신이 노력하라.

자부심을 가져라, 당신에 대한 평가는 당신이 하는 것이다

자신에게 자부심을 가져라. 타인들이 비난하고 흉본다 할지라도 당신이 가지고 있는 목표가 정당하다면 그리고 당신이 세상을 살면서 꼭 이루어야 할 일이라면 그 목표를 향해 묵묵히 전진하라. 당신에 대한 진정한 평가는 당신 자신만이 할 수 있는 것이다.

자신에 대해 정당하게 평가하라. 그리하여 이 세상에 오직 하나밖에 존재하지 않는 당신이 가장 소중한 존재라는 것을 깨달아라. 당신에 대해 자부심을 가져라. 그 자부심을 바탕으로 해 당신에게 주어진 오늘의 삶을 성실하게 살아라.

자신을 믿지 못한다면, 남이 어떻게 당신을 신뢰하겠는가

자신을 믿어라. 자신을 믿지 못하면 당신은 금방 나약해질 수밖에 없다. 당연히 자신감을 상실하고 자포자기의 심정으로 이 세상을 살아가게 될 것이다. 자신을 믿어야 한다. 비록 당신 자신이 약점이 많고 불완전할지라도 믿어야 한다. 그 약점과 불완전함을 어떻게 활용하느냐에 따라 성공적인 삶이 열리느냐 아니면 실패의 나락으로 빠지느냐가 결정되는 것이다. 당신이 자신을 믿지 못하는데 어떻게 다른 사람이 당신을 신뢰할 수 있겠는가?

사소한 습관, 그것들이 당신의 내일을 좌우한다

매일 부딪히는 사소한 일이나 사소한 선택은 바로 당신의 습관을 형성하는 것이고 그 습관은 어찌보면 사소한 것에 불과하지만 당신의 미래를 좌우할 만한 중요한 것이다.

매일의 사소한 일이나 선택을 중요하게 여겨 좋은 습관을 몸에 익힌 사람은 아마도 그만큼 사는 보람을 자신의 삶에 보탤 것이고, 나쁜 습관에 익숙해진 사람은 그 습관을 고친다는 것이 너무 어렵고 그 나쁜 습관으로 인한 힘들어진 삶은 아마도 좀처럼 바꾸기 어려울 것이다.

신뢰를 얻으려면
아무리 사소한 약속이라도 지켜야 한다

본의든 본의가 아니었든 한 번 한 약속은 지켜야 한다. 타인의 신뢰를 무너뜨리는 것은 사소한 약속을 지키지 못하는 데 있다. 중요한 것은 중요하기에 지키려고 노력하는데 사소한 약속은 사소하기에 쉽게 약속을 저버릴 수 있다. 그러나 그 사소한 약속을 지키지 않는 것은 신뢰를 무너뜨리는 행위다. 그리고 한 번 무너진 신뢰는 다시 회복하기까지는 많은 노력과 시간이 필요한 것이다. 당신이 만약 타인의 신뢰를 얻으려면 아무리 사소한 약속이라도 최대한도로 노력해서 지켜야 한다.

왜 그때 거절하지 못했던가?

자신의 생각이나 가치관 그리고 윤리적인 측면에서 자신이 옳지 않다고 생각된다면 혈연, 학연, 지연 등의 관계로 서로 얽매어 있더라도 그리고 아무리 친한 사람의 부탁이라도, 직장 상사의 명령이라도 단호하게 거절해야 한다. 이런 삶의 태도가 자신의 삶을 조금이라도 덜 고통스럽게 만든다.

더 이상 **참**을 수 없다면
용기를 내어 **도**움을 요청하라

당신을 압박하는 끊임없는 일들, 마무리되지 않는 당신의 어려운 일들, 더 이상은 어떻게 해결할 수 없을 것만 같은 좌절감, 이제는 끝이라는 깊은 절망감…… 모든 걸 다 내던지고 떠나버리고 싶은 당신의 마음, 이 세상에서 어디론가 사라지고 싶다는 충동적 요구, 그러나 당신은 벗어날 수 없는 상황…… 이런 상황에 처했을 때 당신은 어떻게 할 것인가?

자신의 힘으로는 해결할 수 없는 늪에 빠져 있다면 그대로 방치하지 말고 이제 도움을 요청하라. 당신의 삶을 다시 일으켜 세우기 어려운 상황으로 치닫는 것보다는 도움을 요청하는 편이 현명한 행동이다.

불평·불만으로 당신의 삶을 채우지 말라, 당신만 망칠 뿐이다

당신뿐만이 아니라 대부분의 사람들이 불평·불만을 말하는데 주저하지 않는다. 그런 불평·불만을 말하는 것도 사람에 따라 다양하다. 그리고 그것들은 삶에 녹아 있어서 의식적이든 무의식적이든 시도 때도 없이 마구 튀어 나온다.

그렇기에 당신이 불평·불만을 늘어놓기 전에 자신의 일을 좀 더 신중하게 생각하고 불평·불만을 아끼면 당신이나 주변 사람들의 기분을 훨씬 낫게 해줄 수 있는 것이다. 불평·불만으로 당신의 삶을 채우지 말라. 결국 당신만 망칠 뿐이다.

부정적인 것은 조금 덜고, 긍정적인 것은 조금 더하라

당신의 삶을 변화시키고 싶다면 당신은 단지 자신의 부정적인 생각은 조금 덜고, 긍정적인 생각을 조금 더하는 것으로 자신의 삶을 변화시킬 수 있는 것이다. 성격의 긍정적인 면을 더욱 향상시켜라. 당신이 그렇게 할 수 있다면 인생은 지금보다 한층 풍요로워지고 결국 목적하는 바를 이룰 수 있게 될 것이다.

오늘을 망치지 마라, 당신 마음속의 걱정을 몰아내라

마음속에 있는 걱정이야말로 당신을 늙고 추하게 만드는 가장 큰 요인인 것이다. 그것들은 당신의 마음을 어지럽히며 올바른 생각을 방해한다. 당신이 활력 있는 삶을 살기 원한다면, 당신을 죽이고 있는 마음속에 있는 걱정부터 몰아내라.

오늘, 모든 열정과 노력을 기울이는 것이 당신의 내일을 위하는 길이다. 과거와 미래도 중요하지만 가장 중요한 것은 오늘이다. 당신이 오늘에 충실하다면 당신을 망치는 걱정은 당신의 마음속으로부터 저절로 사라질 것이다.

좋은 내일을 바란다면 내일을 걱정하는 근심부터 버려라

오늘 당신이 어떤 방법으로든 해결할 수 없는 문제를 안고 있다면 그 문제를 그냥 그대로 내버려두는 것도 현명한 일인 것이다. 해결될 수도 없는 일을 가지고 끙끙거리다 보면 당신의 삶만 피곤할 것이다. 그 문제를 잊고 잠자리에 들어라. 그러면 당신이 잠자리에서 일어났을 때 새로운 오늘이 당신을 맞이할 것이고 다시 당신에게 닥친 문제의 해결을 위해 최선을 다하면 되는 것이다.

당신에게 현재와 미래도 중요하다, 그러나 과거도 중요하다

   과거를 소중하게 여겨라. 다시 떠올리기 싫은 과거도, 마음을 쓰라리게 했던 과거도 소중하게 생각하라. 과거는 바로 당신을 만드는 중요한 자산인 것이다.

   당신 과거의 자산들에 대해서 정리해 보라. 그리고 지금 활용할 수 있는 것들을 목록으로 만들어보라. 당신 과거의 자산들에 대해 잘만 활용할 수 있다면 당신의 삶은 분명 과거보다는 풍요로워질 것이다.

과거는 좋은 것이었든 나쁜 것이었든 자신의 자산이다

오늘 우리의 소중한 자산인 과거를 더욱 소중하게 여길 수 있는 마음자세를 지니자. 비록 과거가 사랑과 기쁨만이 아니라 슬픔과 실패, 미움이 함께 공존한 것이라도 과거는 당신에게 있어 너무 소중한 자산인 것이다. 과거를 보고 그 과거 속에서 지금의 당신을 본다면 아마도 미래의 당신도 볼 수 있을 것이다.

과거는 아무리 강조해도 과거일 뿐이다, 앞으로 나아가라

과거에 당신에게 그런 일이 있었기에 지금 당신이 있는 것이다. 과거를 부정하면 할수록 당신의 삶만 힘들어진다. 과거는 그것이 좋은 일이든 나쁜 일이든 받아들여라. 그리고 그것을 당신의 내일을 위한 소재로 사용하라.

당신에게 다가온 인연을 소중하게 생각하라

오늘 당신과 인연을 맺은 사람들을 소중하게 생각하라. 그리고 인연을 맺은 상대방에게 감사의 마음을 가지는 것은 물론 당신이 할 수 있는 한 상대에게 감사의 표시를 하라. 인간관계에 있어 머리로만 생각하고 실천을 하지 않는다면 소용없는 일이다. 당신이 알고 있는 것을 실천하라.

사람과 사람의 관계, 그것은 세상과 당신과의 관계다

인간관계의 중요성을 깨달아라. 행복한 자신을 만들고, 성공한 자신을 만드는데 있어 인간관계의 중요성은 아무리 강조해도 지나침이 없는 것이다. 상대방을 위해 뭔가를 해주는 것이 인간관계의 첫걸음이다. 당신이 상대방을 위해 베풀 수 있는 것이 무엇인가 파악하고 그것을 실천하라. 사람과 사람의 관계, 그것은 세상과 당신과의 관계다.

인간관계에 있어 상대를 진심으로 대하라

 인간관계를 맺을 때 거짓으로 상대를 대하지 말라. 진심으로 상대를 대하면, 상대도 그 진심을 느끼고 당신을 진심으로 대할 것이다.

 그렇다면 어떻게 하면 인간관계를 풍요롭게 할 수 있을까? 그것은 아마도 겸손함을 가지고 다른 사람들과 어울리기를 좋아하고, 다른 사람에게 베풀 줄 아는 것이 인간관계를 풍요롭게 하는 방법일 것이다. 특히 다른 사람들과의 약속을 잘 지키는 습관을 지니고 있다면 인간관계에 있어서 성공할 확률이 높을 것이다.

가정, 자신의 발전에 있어
하나의 축을 담당하는 바퀴다

당신을 만들고, 성공하는 당신을 만들기 위해 가정은 아주 중요한 요소다. 당신의 위기는 아주 가까운 주변에서 오기 쉽다. 때때로 위기는 가정에서 발생할 수가 있는 것이다. 그러기에 평소에 가정에 대해 신경을 써라. 당신의 성공과 발전을 만드는 가장 필수적이고 시발점이 되는 것은 가정이라는 사실을 인식하라. 가정은 당신의 발전에 있어 하나의 축을 담당하는 바퀴다. 가정이 덜커덩거리면 당신의 삶 전체가 덜커덩거릴 수 있다. 가족의 소중함과 그 가치를 발견하라.

타인에겐 친절하고, 자신에겐 엄격한 사람이 되어라

타인에겐 엄격하고 자기에게 너그러운 사람들은 결국 타인의 눈에는 투정이나 부리고 짜증을 내는 것으로 비춰진다. 사람들은 그 단계가 심해지면 그 사람을 이중인격자로 본다.

그냥 떠든다고 다 말은 아니다, 말하는 것도 배워야 한다

당신은 그 누구와도 대화를 나눌 수 있고, 또한 능숙하게 대화를 나눌 수 있는 사람이 되어야 한다. 그것은 당신이 삶을 만들어가는 과정 중에서 아주 중요한 한 부분을 차지한다. '천 냥 빚도 한 마디 말로 갚는다.'라는 말처럼 잘하면 대인 관계가 원만해진다. 그렇다고 해서 아첨을 하라는 것이 아니다. 남을 배려해 주는 마음을 가지고 있으면서 진심으로 얘기한다면 상대도 그 말을 진심으로 받아들일 것이다. 말은 함부로 쏟아낼 성질의 것이 아니다. 잘하면 약이지만 못하면 독약이 되는 것이다. 말을 할 때는 늘 조심스럽게 해야 되는 것이다.

매일 실천하는 삶의 태도를 당신의 것으로 만들라

꿈과 목표를 적어보아라. 그리고 당신의 삶에 긍정적인 문장을 적어라. 당신이 읽은 책 중에서 좋은 문장, 기분을 좋게 했던 이야기들을 적어보아라. 당신의 삶에 활력을 불어넣어 준다. 다음날 할 일에 대해 목록을 만들라. 계획 없이 내일을 맞는다면 시간 낭비는 커질 것이다. 최소한 1주일 단위의 시간표를 작성해 실천하라.

짧은 시간이라도 짬을 내어 책을 읽고 또 운동을 하라. 정신적인 건강과 육체적인 건강은 당신의 삶에 있어 발전과 성공을 가져올 것이다.